FE AMERICANA
Juan Carlos Mercado

www.facebook.com/JuanCarlosMercadoCharlie
www.juancarlosmercado.com
Mercado Studio

Agradecimientos.

Un infinito número de gracias a todos los que me guiaron en la creación de Fe Americana.

Este libro no existiera sin las duras, e inteligentes, críticas del Deputy Sheriff Russell, Deputy Sheriff Sánchez, el Señor J. T., y su hijo Ryan.

Copyright © 2013 por Juan Carlos Mercado.
Todos los derechos reservados.
Impreso en los Estados Unidos de América.

Persona en la fotografía de la portada, Juan Carlos Mercado.
Fotógrafo de la fotografía en la portada, desconocido.

Se prohíbe reproducir, almacenar, o transmitir cualquier parte de este libro en manera alguna, ni por ningún medio, sin previo permiso escrito, excepto en el caso de citas cortas para críticas.

KDP ISBN-9781794581166

Dedicación.

Este libro se lo dedico a mi Abuela Chelo, que aún sigue con vida, y a mi Abuela Concha, que ya falleció. Ellas me cuidaron después de que mi Madre Hortensia falleció, y yo solo tenía cinco años de edad.

Sin la crianza de ellas, no fuera la persona que soy hoy, y la historia de este libro nunca hubiera existido.

La higuera estéril.

Por la mañana, cuando regresaba a la ciudad, tuvo hambre.

Y al ver una higuera junto al camino, se acercó a ella, pero no halló nada en ella sino sólo hojas, y le dijo: Nunca jamás brote fruto de ti. Y al instante se secó la higuera.

Al ver esto, los discípulos se maravillaron y decían: ¿Cómo es que la higuera se secó al instante?

Respondiendo Jesús, les dijo: En verdad os digo que si tenéis fe y no dudáis, no sólo haréis lo de la higuera, sino que aun si decís a este monte: "Quítate y échate al mar," así sucederá.

Y todo lo que pidáis en oración, creyendo, lo recibiréis.

Mateo 21, 18-22

Prologo.

Fe Americana es ficción, pero esta entrenzada en varias historias de la vida real.

En primer lugar, fueron las aventureras vidas de familiares, y conocidos, que le dieron nacimiento a las ideas para crear este narrativo.

En segundo, le añadí lo que viví en mis diez años de servicio en el Army de Estados Unidos. En los que participé en operativos en las selvas de Panamá, en los desiertos de Irak, y en las nevadas de Croacia y Bosnia-Herzegovina. Terminé mi tiempo en el Army como veterano de guerra, y con el rango de Capitán.

Por último, incluí lo que he aprendido en mi presente posición de Oficial de Custodia en el Departamento del Sheriff del Condado de San Diego.

Para cerrar, lo envolví todo con el aspecto de películas de cine.

Espero disfruten de la lectura.

Yo no nací en Estados Unidos.

Yo nací en Tijuana, México.

A los 18 años, me enlisté en la Reserva de la Marina de Estados Unidos con la intención de adquirir la ciudadanía como americano. En mi cuerpo, apenas se me mostraba el desarrollo de la masa muscular en mis brazos y pecho. El estómago me permanecía ligeramente suave y esponjado, como el de un bebé.

Dos años después, el Operativo Tormenta del Desierto comenzó. Ya no estábamos en Arabia Saudita.

En rumbo a Irak, cruzamos el terreno titulado como la Zona Neutral. Todo el movimiento se había conducido para sorprender a las fuerzas Iraquíes durante la ausencia del Sol.

Era una noche oscura y nubosa. Sin luna, y sin estrellas.

Guiaba el tanque M-1 Abrams sobre un desierto que carecía diversidad geográfica, y nada en el camino me iba a parar.

El ritmo de la manejada era igual al del camión del aguador que transitaba por las calles de mi barrio Tijuanense. Yo avanzaba rápido, solo para frenar segundos después, y continuar el estudio visual de mí alrededor. Así como el aguador estaba seguro que alguien de repente lo iba a parar y comprarle agua, yo estaba seguro que un tanque Iraquí me iba a confrontar para iniciar la batalla.

En ese denso aire que me rodeaba, mi vista se enfocaba en varios tanques de mi unidad. Todos ejecutando la misma tarea de la búsqueda de unidades Iraquíes.

El elemento de sorpresa me mantenía alerta, y mis cinco sentidos tensamente estudiaban todos los aspectos de mí alrededor. En ciertas ocasiones, hasta utilicé el sexto sentido. El que mi Abuelita me decía que no era un sexto sentido, si no mi Ángel de la Guarda.

Mis ojos rara vez parpadeaban. Miraba cerca, lejos, derecha, e izquierda.

Las yemas de mis dedos apretaban el volante, y las venas en la espalda de mis manos brotaban a través de la piel.

Mi lengua saboreaba la saliva adentro de mi boca, y no me nacía hablar ni una palabra. Se me dificultaba mucho pasarme la saliva por la garganta.

No se escuchaba ninguna variedad de sonidos, solo el sonoro rugido del motor de turbina que le daba la fuerza superior de movimiento al tanque.

El ametrallador del tanque guardaba silencio. Solo observaba el alrededor por medio del dispositivo de visión térmica. Ese aparato le permitía ver al horizonte a través de la oscuridad, lluvia, neblina, y tormentas de arena. En pocas palabras, era un sistema de binoculares muy avanzado. Se podía ver todo objeto, y ser viviente, que emite calor. El ametrallador se enfocaba para iniciar el tiro a un potencial blanco.

Los ojos del cargador revisaban el área de trabajo. Al mismo tiempo que el sudor le corría por su rostro, sus manos y dedos ágilmente pulían la munición con un pedazo de tela que había cortado de su camiseta.

El comandante del tanque siempre estaba en estado de alerta extrema. Al escanear nuestros alrededores, por medio de su dispositivo de visión térmica, se mantenía listo para liderar el tanque y atacar una unidad Iraquí.

El desierto nos acogía.

Yo observaba y estudiaba el alrededor, pues la batalla era segura. Continuaba guiando el tanque, y cuando la explosión del disparo de un tanque Iraquí trono en mis oídos, inmediatamente asumí que la trayectoria de un misil nos interceptaba.

"¡Sácanos de aquí, Cristo!" Me gritó con autoridad el comandante del tanque.

Una rotunda explosión se detonó muy cerca.

La explosión desparramó, y elevó, grandes escombros de tierra y vegetación, y me sacudió violentamente, pero el tanque no sintió ni golpe y ni rasguño. Aplasté el acelerador, y el motor de turbina rugió con un poder feroz. Mi tanque ejecutó el salto del tigre, y avanzó a máxima velocidad en cosa de segundos.

"¡Dispara, dispara!" Le ordené al ametrallador.

Continuaba atravesando el terreno desértico con el tanque a toda velocidad, y el disparejo terreno lo sacudía, y con el mismo ritmo, toleraba los golpes que se producían. Esos sacudidos me despertaron la memoria. Ya que eran muy similares a los sacudidos que viví al sentarme en el último asiento, de la parte trasera, del camión en la ruta de la colonia.

Cuya colonia poseía calles de tierra, inundadas con baches al azar, y bien surtidas con piedras de todos tamaños.

De repente, regresé a la realidad.

"¡Tengo un tiro!" Gritó el ametrallador.

La torreta giraba, y al mismo tiempo, otro misil explotó al lado. El tanque se despegó del suelo. Antes de que la gravedad causara el aterrizaje, el ametrallador jaló el gatillo.

Instantáneamente, la boca del arma del tanque disparó un misil, y todo se relampagueó.

Fue un momento de rápido suspenso, y tuve el corazón completamente atorado en la garganta. Yo seguía con el acelerador hasta el fondo, y el rugido del motor de turbina regresó a mis oídos.

En cosa de segundos, el misil que se disparó hizo contacto con su blanco.

Acompañado con una fuerte explosión, un tanque Iraquí se desplomó. La torreta voló metros al aire, y diversos componentes se desintegraron. Lo que quedo, se encontraba en llamas. Yo me imaginé que los tripulantes Iraquíes también.

En ese momento, mi cuerpo se rindió de toda la adrenalina, y empecé a rezar, "Ángel de mi Guarda, dulce compañía, no me desampares, ni de noche, ni de día."

El Operativo Tormenta del Desierto terminó unos días después, pero seguí en Irak un par de meses más.

Aun teníamos que alistar todo el equipo, y armamento, para el flete a Estados Unidos.

Pronto me encontré en un vuelo rumbo a San Diego, y con enormes ganas de volver al lado de mi familia. Entre más me acercaba al momento de arribar, más me crecía la inquietud.

Después de unas largas horas en vuelo, me asomé por la ventana, y vi la ciudad de San Diego. Se miraba mucho más bella de lo que la recordaba. Mis ojos se enfocaban en el mar, las playas, y el famoso puente de la Isla de Coronado.

El avión empezó su descenso, y miré lo cerca y enorme que estaban los edificios del centro de San Diego. La altura de los edificios se miraba al nivel de la trayectoria del avión.

En ese momento, se apareció el aeropuerto de la base de la Marina en la Ciudad de San Diego.

Sentía que me brillaban los ojos, y que se me llenaba de alegría el corazón.

Continuaba mirando por la ventana, y observé la escolta de familiares que estaban en espera para darnos una conmovedora bienvenida. Unos adelantaban saludos con los brazos extendidos en el aire. Otros tenían cartelones expresando, "Bienvenidos Marinos."

Todos con banderas de Estados Unidos.

Ya pronto, aterrizó el avión, y desbordamos. Rápidamente, mis ojos encontraron a mi esposa María, y a mis hijas Jessica y Jennifer. María, y mis hijas, se miraban radiantes en vestidos de verano. Un desconocido fácil las podría haber confundido como hermanas. Las tres tenían lindos ojos negros, y un largo cabello del mismo color.

El cuerpo de María aún se mantenía como el de una joven. Me recordó del primer momento en que la conocí y me enamoré de ella.

María y mis hijas, eran un trio de belleza sin igual. Yo corrí hacia ellas, y ellas hacia mí.

Nos dimos un fuerte abrazo.

Esa fue la bienvenida más intensa que habían vivido mi cuerpo y alma. En ese momento, sentí el fuerte palpitar de mi corazón, como si se me fuera a reventar el pecho. Yo pensé, eso es el amor. María y yo nos besamos como nunca, mientras mis hijas me abrazaban una pierna cada una.

Pasaron dos años, y mi familia y yo, seguimos la rutina de nuestra vida cotidiana. Yo me mantuve enlistado en la Reserva de la Marina, y mi relación conyugal con María empezó a deteriorar.

Después llegó el día que causó un cambio radical en mi vida.

Era de noche cuando entré a la oficina del Centro de Operaciones Tácticas en la base de la Marina en San Diego.

"¿Ya finalizaste el entrenamiento?" El Sargento Price se me acercó.

"Sí." Le contesté.

Me urgía mucho terminar para poder llegar a casa, y darle un regalo sorpresa a María.

"Es el cumpleaños de mi esposa." Le comenté al Sargento Price.

Al mismo tiempo, guardé mi equipo en la mochila de costal militar.

"¿Ella sabe que vas en camino?" Me preguntó.

"No, es una sorpresa." En ese momento le enseñé un collar de oro con el nombre de, "María."

Lo tomó para observarlo de cerca.

"A las mujeres les encantan sorpresas como estas." Me regresó el collar.

"Si, va a ser una noche muy memorable." Lo cogí y lo guardé.

Nos sonreímos mutuamente y me despedí.

Manejaba mi carro rumbo a la casa, cuando decidí parar en una licorería y comprar un buen vino de postre. El vino de postre era el favorito de María. Ya adentro de la licorería, agarré unos deliciosos dulces mexicanos para mis hijas. Claro que no se me olvidó llevarles una botellita de Chamoy. Era el aderezo favorito de mis hijas para todo tipo de dulces y totopos, y creo el mío también. Pues siempre que ejercía mi adicción al Chamoy frente a mi Abuelita, ella me decía, "Ya no comas tantos dulces con Chamoy, te van a salir lombrices en la panza." Ese recuerdo me causó una leve sonrisa.

"¿Es todo?" El cajero me interrumpió.

De inmediato, regresé a la realidad.

"Si, es todo." Pagué por mi compra y salí.

Seguí manejando rumbo a la vecindad de mi casa, y cuando llegué a mi estacionamiento, ya alguien lo había tomado.

"¡Chetos!" Eso fue lo único que me brotó de los labios.

Nunca había visto el carro que se encontraba en el estacionamiento, y decidí prolongar la mirada sobre él. Ya satisfecho, y sumamente molesto, continué manejando hasta encontrar un estacionamiento libre.

Ya que me estacioné, tomé el regalo de María, los dulces y el vino, y bajé del carro. Era más de la media noche, y no se encontraba ninguna persona en el vecindario.

Caminé a al apartamento, y pronto llegué a la puerta.

Mientras buscaba las llaves, escuché unos ruidos de leves golpes en la pared. Eso me alarmó. Ya con la puerta abierta, entré con pasos cortos y ligeros, y procedí con los oídos en alerta.

Levemente, coloqué el regalo de María, el vino, y los dulces, en el sofá. En ese momento, volví a escuchar los ruidos de ligeros golpes en la pared.

Los ruidos procedían del área interior del apartamento. Con mucha cautela, continué caminando hacia el pasillo. Ya ahí, me acerqué a la puerta del cuarto de mis hijas. Abrí la puerta, y vi que dormían como un par de angelitos. Cuidadosamente, cerré la puerta y caminé rumbo al otro cuarto.

Una vez más, escuché los ruidos de un par de golpes en la pared, y deduje que se emitían del cuarto que ocupábamos María y yo.

Sentí un escalofrío en todo el cuerpo, y se me congeló el alma.

Por unos largos segundos, mis ojos estudiaron todos los detalles de la perilla de la chapa en la puerta, hasta que decidí agarrarla y darle la vuelta. Mi mano izquierda se acercó a la perilla, mis dedos la envolvieron, y le di la vuelta. Con un movimiento a cámara lenta, abrí la puerta un poco y me asomé.

María estaba en la cama con un güero gringo, y en pleno acto de sexo.

Mi presencia siguió en secreto.

En menos de un segundo, mi mano derecha formó un duro puño, y mis ojos lloraron una larga lágrima de tristeza, ira, y dolor. Aventé la puerta, corrí hacia la cama, y brinqué sobre el güero gringo. Lo derribé al suelo y lo ataqué a puños.

"¡No!" Gritó María.

Al instante, ella se aventó entre el güero gringo y yo.

María lo trataba de proteger.

"¡Pará!" Yo no podía creer lo que gritaba María, y una ciega rabia explotó dentro de mí.

Con toda la violencia del mundo, le repartí un par de cachetadas a María.

Ella se retiró arrastrándose a la esquina del cuarto. Sin perder el ritmo, seguí mi episodio de rabia, y le di una tormenta de golpes al güero gringo.

María se siguió arrastrando hasta encontrar el teléfono, y marcó el número "911." Ese era el número de emergencia en Estados Unidos.

"¡Esta loco!" "¡Lo está matando!" Le gritaba al teléfono.

Segundos después, mi ciego episodio de rabia terminó, y paré la golpiza. Su cara se encontraba bañada en sangre e irreconocible, y su cuerpo estaba sin movimiento.

No fue hasta ese momento que mis oídos recuperaron la habilidad de escuchar. Mis ojos empezaron a estudiar lo que me rodeaba, y mi vista encontró a María.

Ella estaba en la esquina del cuarto.

Le corrían lágrimas por todo el rostro, mocos bajo la nariz, y babas por los labios.

Miré que sostenía el teléfono en sus manos, pero no hacia ningún intento de comunicarse por él. Mis oídos pudieron escuchar a la persona cuya voz se trasmitía a través del audífono telefónico. "¿Señora, está bien?" María no le respondió, y sus ojos hicieron contacto con los míos.

En voz baja y quebrantada, le pregunté, "¿Por qué?"

Ella no me contestó.

De repente, sentí un dolor en mis manos, y me las miré. Las tenía cubiertas con sangre, y los dedos índices estaban quebrados. Varios de los nudillos de mis dedos ya no estaban cubiertos de piel. Se me miraba el hueso, la piel rota, y gotas de sangre ya en coagulación.

Todo empezó a transcurrir rápido.

"¡Papi!" Me timbró el grito de mis hijas en los oídos.

El grito causó un jalón en mi cabeza, y mis ojos captaron su presencia. Ahí, en el marco del cuarto, vi a Jessica y Jennifer. Las miré que lloraban, y temblaban, con una inseguridad tremenda.

Eso me rompió lo poco de alma y corazón que me quedaban.

Justo ahí, dos policías de la Ciudad de San Diego, entraron al cuarto con la mira de sus pistolas sobre mí. Yo no me resistí, y me esposaron sin ningún problema.

Al salir del apartamento, bajo la escolta de los dos policías, todos los vecinos estaban afuera para presenciar mi humillante episodio de arresto.

Uno de los policías abrió la puerta trasera de la patrulla, y me dijo, "Con la vara que mides serás medido."

Me enganchó su mano en el cuello, y me sentó dentro de la patrulla con un empujón.

El policía cerró la puerta, y los últimos rasgos de humanidad que poseía, se desvanecieron por completo.

La patrulla en que se me transportaba llegó a la cárcel situada entre los enormes edificios del centro de San Diego, y se paró en frente del portón metálico de la entrada vehicular.

La cárcel era un grueso edificio de una cuadra de ancho, con once pisos de altura, y un portón suficiente grande para permitir un camión entrar cómodamente.

El policía que conducía la patrulla, pacientemente esperaba que se abriera el portón para poder ingresar al área de estacionamiento.

Mientras esperaba, yo pude grabarme en la mente el enorme emblema de una estrella con siete picos que se encontraba en el centro del portón. Esa estrella era el emblema del Departamento del Sheriff del Condado de San Diego.

Después aprendí que todos los diversos departamentos de policía en el Condado de San Diego, pasan la custodia de todos los arrestados al departamento del Sheriff.

El portón metálico se abrió exactamente en su punto medio, y el emblema de la estrella se partió en dos, ya que una mitad del portón se abrió a la izquierda, y la otra mitad a la derecha.

La patrulla en que se me transportaba entró.

Ya adentro, nos iluminó la luz artificial de los enormes focos industriales de la cárcel, y me encandilaron los ojos.

En ese momento no lo sabía, pero no volví a ver el sol hasta un año después.

Me acuerdo muy bien de cómo se inició el proceso de mi custodia. Sé que me tomaron fotos, me preguntaron si sentía ganas de suicidarme, y me leyeron mis cargos.

Me acuerdo muy bien del momento cuando me pusieron la banda de identidad como interno en la muñeca izquierda.

Miré la banda, y vi que tenía mi nombre, mi número de interno, y mi foto.

Después me tomaron las huellas digitales. Eso me pareció muy moderno, ya que escanean las huellas digitales por computadora. Así como lo hacía yo con las fotos viejas en el escáner de mi computadora.

En el segundo piso de la cárcel, me despojaron de toda la ropa, y revisaron visualmente todas las partes de mi cuerpo. Si, eso incluyó la parte donde nunca han llegado los rayos del sol, y es conocida como el asterisco humano. Eso fue rápido, y terminé estrenando un viejo uniforme de interno.

Esa noche dormí en una oscura celda, sobre una cama de metal. Toda la celda apestaba a gallinero y orines. Aun así, dormí por dos días.

Ya que desperté, y comencé a aceptar mi nueva realidad, salí de la celda para caminar en el patio entechado. Miré los teléfonos en la pared, y me llené de valor para llamar a María y confrontarla.

También ocupaba escuchar las voces angelicales de mis hijas. Ellas eran lo más crítico para el bienestar de mi mente, alma, y corazón.

Ya que oprimí los números del teléfono, esperé unos eternos segundos para que me contestara.

"Bueno." Escuché la voz de María, y le contesté con un inseguro coraje. "¡María!"

Pasaron otros eternos segundos, y ella no me contestó.

"¡Déjame hablar con mis hijas!" Le supliqué, pero ella no dejó que mis hijas hablaran conmigo, y colgó el teléfono.

Los latidos de mi corazón reventaban dentro de mi pecho, y no pude contener mi rabia.

Aun con el teléfono en la mano, tiré un puño contra la pared y lo hice pedazos.

Se me volvió a abrir la piel de los nudos en los dedos, y sentí el calor de las gotas de sangre que corrían sobre mi puño.

Pagué por el tarro, y gocé de un largo trago de cerveza.

"...Ah..." Eso era vivir.

En cuanto se terminó el rico sabor de la cerveza, se me llenó la mente con recuerdos de las dulces risas de mis hijas.

Saqué la foto de ellas, y estudié todos los aspectos de su físico. Ese largo cabello negro, brillantes ojos, rosados labios, dientes de conejo, nariz chica como de una muñeca, y su piel blanca y suave.

En eso, la persona a mi derecha desalojó su banquillo, y un señor vestido de traje formal tomó asiento. Era de piel muy blanca, y se me vino a la mente el refrán que solía mencionar mi Abuela de ese tipo de hombre, "Es un catrín de sangre azul." Yo creo tendría unos sesenta años de edad, pero de muy buen porte.

"¿Todo bien, Marino?" Me alarmó un poco con su pregunta.

Con solo esa pregunta, me di cuenta que su manera de hablar, reflejaba un hombre con un avanzado nivel de estudios.

"¿Cómo sabes qué?" No alcancé a terminar mi pregunta.

Me acordé de mi tatuaje de la Marina en el antebrazo derecho.

Los dos fijamos nuestras miradas sobre el tatuaje. Era el clásico tatuaje del planeta tierra con los continentes de las Américas visibles, con un ancla por detrás, y un águila con las alas abiertas encima.

"Sí, todo bien." Finalmente le contesté.

El aceptó mi respuesta con una leve sonrisa de boca cerrada.

"Parece que vienes a Tijuana por el tequila, sexo, y marihuana." Su sonrisa seguía igual, pero agrandó su mirada, y le brillaron los ojos.

"Nada de eso. Me deportaron, y estoy contemplando una manera rápida de regresar a Estados Unidos." Aunque no me pareció nada mal contemplar mi participación en uno de los tres temas que mencionó.

"¿Porque la prisa?" Su rostro regresó a un aspecto neutro pero atento.

"Mis hijas, Jessica y Jennifer, radican en San Diego." Le enseñé la foto.

"Son lindas." Creo fue sincero con su comentario.

"Gracias." Le respondí.

"Me llamo Juan." Extendió su mano.

"Yo soy Cristo." Extendí mi mano y nos dimos un fuerte saludo.

Seguimos nuestro saludo con un largo trago de cerveza.

"Yo te puedo ayudar." Juan puso su tarro de cerveza en la barra.

"¿Cómo?" Inmediatamente, me despertó el apetito cerebral.

"Pasa por mi oficina mañana, y te explicaré todo." Muy serio, puso su tarjeta sobre la barra, y me miró a los ojos.

Agarré la tarjeta, y la leí.

"Diviértete y goza de la noche. Es por eso que Tijuana es la ciudad más visitada del mundo." Al retirarse, me sonrió y me pestañeo un ojo.

El banquillo a mi lado se quedó desocupado.

Segundos después, una bella princesa dio un pequeño salto, y con un leve empujón, le ganó el banquillo a un hombre alto y bien puesto.

Ella no le puso atención.

Me miró y me dio una simpática sonrisa. Sus dientes eran parejos, súper blancos y perfectos.

Nos mirábamos a los ojos de una manera coquetona, cuando el hombre alto y bien puesto la tomó de la cintura y la levantó al aire.

Ella pataleó y trató de soltarse, pero fue en vano.

"¡Suéltame, animal!" Ella trató de pellizcarlo en los brazos.

"¡Suéltame!" Un par de lágrimas de ira le brotaron de los ojos.

Aun así, mantenía una belleza nata y sublime.

El hombre empezó a reírse y burlarse de ella.

Mientras eso sucedía, me levanté y me puse detrás de él. Tomé acción y le ahorqué el cuello con mis manos.

"¡Suéltala perro!" Le grité y le apreté el cuello con todas mis fuerzas.

La cara se le enrojeció de inmediato y se empezó a convulsionar por falta de oxígeno.

Cuidadosamente, la soltó.

"¡Bórrate cabrón!" Le solté el cuello.

Al instante, se le doblaron las piernas y cayó al suelo.

Abría la boca para respirar profundo, pero batallaba en inhalar.

Como pudo, se puso de pie. Me miró a los ojos por un segundo, y se dio la media vuelta hacia la salida.

Me sentí un gran campeón.

De repente, él se dio la vuelta hacia mí, y me tiró un derechazo. Fue muy rápido, y me agarró completamente desprevenido.

Lo único que pude hacer fue protegerme con las manos sobre mi cara y agacharme.

El derechazo nunca me tocó.

La princesa le ganó el tiro y le dio un violento golpe en los huevos.

De nuevo, y con la boca abierta, él cayó al suelo.

"¡Poco hombre!" Ella lo barrió con la mirada y se burló de él.

Tembloroso, él se apoyó con sus manos y se puso de pie. Esa vez, no regresó a mirarme y se retiró.

Se me vino a la mente el refrán que solía mencionar mi Abuela de ese tipo de retiros, "Se fue como un perro con la cola entre las patas."

Tomé una pausa para reflejar y me ajusté la camisa.

"Ho-la, me lla-mo Cris-to." Se me dificultaron las palabras, y entre tartamudeos, le dije mi nombre a la princesa.

"Yo soy Mimi." Rápido capté su acento Francés.

"¿No eres Mexicana?" Le pregunté.

"Nací en Paris, pero mi Padre aceptó un contrato de trabajo en Tijuana. Ahora vivimos aquí." Apenas terminó de hablar, cuando la atmosfera del antro se llenó de un fuerte y provocativo cantar de salsa cubana.

"¡Mi canción favorita!" Me agarró la mano y me llevó de jalones a la pista de baile.

No me dio tiempo de decirle que no, y lo único que pude hacer fue sonreírle.

Entre una pista que reventaba de gente, Mimi encontró un hueco para bailar

"Yo no sé bailar salsa." Le dije.

"Yo te enseñaré." Me miró a los ojos y empezó a bailar con movimientos muy sensuales y provocativos.

Vi cómo se movía y traté de imitar el ritmo de sus movimientos, pero mi habilidad de baile era muy limitada. Después de unos segundos, me equivoqué con mis pasos y choqué con ella.

Los dos paramos de bailar y nos tomamos de la cintura.

Mis ojos se fijaron en la princesa que valientemente defendí. Ella era de piel clara, con un largo y brilloso cabello negro. Sus ojos, también negros, eran grandes, y poseían unas largas y coquetas pestañas. Le calculé una edad de veinticinco, pero su cara aún se mantenía con aspectos de una joven de secundaria. No era alta, pero su delgado y proporcionado cuerpo le acentuaba perfectamente su estatura.

Me quedé mudo.

Nuestras miradas se encontraron y nos sonreímos.

Caminamos hacia la salida sin decirnos una sola palabra, y ya afuera, nos saludó el silencio de la noche.

"Nunca me hubiera imaginado, que una chica Francesa, me hubiera enseñado a bailar música de salsa Cubana en un bar Irlandés." Me le quedé mirando.

"Y en Tijuana." Añadió ella, y los dos nos empezamos a reír con unas carcajadas histéricas.

Ya terminado nuestro episodio de risa, Mimi le hizo señas a un taxi con la mano.

"Ya es tarde, y mañana trabajo. A mi patrón no le gusta cuando llego tarde." Me sonrió, y al mismo tiempo, un taxi se estacionó a su lado.

"¿Qué te parece si mañana me acompañas para el almuerzo?" Le pregunté y le abrí la puerta del taxi. Ella se subió.

Antes de cerrar la puerta, Mimi me dio su tarjeta. Yo la tomé y la leí.

"Tiene el nombre de un hombre." Le mencioné.

"Ese es mi patrón." Mimi cerró la puerta del taxi.

Di un par de pasos para atrás, y el taxi empezó a distanciarse. Nos miramos y sonreímos hasta no podernos ver más.

Regresé a la realidad y capté que estaba solo. Empecé a caminar sin ningún rumbo y sin motivación.

Me sentía vacío.

Seguí caminando por un buen tiempo y sentí un gran cansancio. Eso me despertó la mente, y miré a mí alrededor para buscar un lugar donde pasar la noche.

Un poco después, encontré un hotel con puertas de metal y paredes en falta de pintura.

Ya adentro, y acostado en la cama, saqué la foto de Jennifer y Jessica. La observé hasta que se me cerraron los ojos y se me resbaló de la mano. Abrí los ojos una vez más y la cogí de nuevo. Le di la bendición, un beso, y la guardé.

Me fui a dormir con una desalentada respiración en mis pulmones, y una gran tristeza en mi corazón.

La siguiente mañana, me despertó el fuerte ruido del tráfico vial al costado del hotel.

No me levanté, solo abrí los ojos, y observé los rayos de sol que se escapaban por los agujeros de las cortinas en la ventana.

Seguí sin moverme, y fijé la mirada en el polvo que volaba entre la luz del día.

Al mediodía, llegué a la oficina de Juan y entré.

"Buenas tardes, Cristo." Se me acercó para saludarme.

El saludo fue firme.

"Toma asiento." Me señaló una cómoda silla en su oficina.

"Gracias." Tomé asiento.

Me di cuenta que la oficina era moderna, y un poco ostentosa.

En la pared detrás del escritorio, se encontraba un enorme, e impresionante, mapa mundial.

Juan se sentó en la esquina de su escritorio.

"¿Qué te parece Tijuana?" Se cruzó los brazos en frente del pecho.

"Es una telarañosa metrópolis." Aun estudiaba el gigantesco mapa en la pared.

"El mundo es una telarañosa metrópolis." Juan también fijó su vista en el mapa y le apuntó con el dedo índice de su mano.

"Yo me gano la vida en esa telaraña." Añadió.

Sus comentarios me estaban confundiendo.

"¿Qué me quieres decir?" Lo cuestioné sobre el tema de una manera directa.

"Yo me dedico al servicio de fletes. Mis fletes van a lugares donde otros no van. Lugares como Corea del Norte, Irán, y países en guerra en el África. Mis clientes son oficiales gubernamentales, y líderes revolucionarios. Sus territorios geográficos carecen de alta tecnología y medicina moderna." Su respuesta me confundió por completo.

"¿Por qué haces negocios con ese tipo de gente?" Le puse más ardor a mis palabras.

"Yo ayudo a los necesitados. Mis servicios son de aspecto humanitario." Juan me contestó con una calma total.

"¿Y porque me dices todo esto?" Ahí me paré y fijé mis ojos sobre los de él.

Juan le apuntó a la pared detrás de mí, y di la media vuelta para investigar.

No podía creer lo que veía en esa pared.

Había una gran variedad de fotos de servicio militar, y todas en blanco y negro. También había un reconocimiento de servicio honorable en la Marina de Estados Unidos. En todas las fotos se encontraba un joven Juan en diversos actos de servicio militar durante la guerra de Vietnam.

"Tú vas a ocupar dinero, y yo te voy a dar la oportunidad de ganártelo. Eso te va a facilitar la manera de regresar al lado de tus hijas." El continúo platicándome, pero yo seguía enfocado en los temas de las fotos en la pared.

En una de las fotos, estaba Juan sobre una camilla portátil de servicios médicos. El vestía su uniforme militar, y unas sangradas vendas le protegían sus rodillas.

Estaba a punto de ser montado a bordo de un helicóptero de emergencias.

Me acerqué más a la foto, y me di cuenta de que, en realidad, Juan había perdido las piernas hasta el punto de las vendas en sus rodillas.

Lentamente, y confundido, me di la vuelta para verle las piernas.

"Sí. Yo sacrifique mi juventud, y mis piernas, por la Marina de Estados Unidos." Juan se levantó los pantalones hasta el nivel de sus rodillas.

Le vi sus piernas, y me quedé tieso. Juan tenía piernas armadas de mecánica moderna, como las piernas de un robot en una película de ciencia ficción.

"Estas piernas prótesis me las dio un Ingeniero Medico de Corea del Norte." A como seguía la plática, más me confundía.

"¿Cuál es tu punto, Juan?" Ya estaba cansado del laberinto de sus comentarios.

Se acercó al mapa en la pared, y extendió sus brazos a lo ancho.

"Si un ciudadano de México." Le apuntó al país de México.

"Se enlista en la Marina de Estados Unidos." Le apuntó al país de Estados Unidos.

"Pierde sus piernas durante una batalla de combate en la guerra de Vietnam." Le apuntó al país de Vietnam.

"Y encuentra sus nuevas piernas en Corea del Norte." Le apuntó al país de Corea del Norte.

"¿Por qué no permitirle ir a Corea del Norte por sus piernas?" Juan terminó su rápido discurso con una mirada muy intensa.

Me quedé sin palabras.

Sin perder un segundo más, Juan siguió con su discurso.

"Sin un hombre de 40 años, del país de Corea del Norte, quiere vivir en Estados Unidos y ayudar a toda la gente con necesidad de prótesis. Si una mujer de 18 años, del país del Congo, quiere ganarse una medalla de oro en las olimpiadas como ciudadana de Estados Unidos. Si un hombre de 35 años, del país de Alemania, quiere empezar una escuela en Estados Unidos para entrenar perros que asisten a las personas ciegas. Si un hombre de 30 años, del país de Irán, quiere establecer un centro de rehabilitación en Estados Unidos para ofrecer asistencia gratis a gente de pocos recursos." Juan apuntó, con las dos manos, a todos los países, conforme los mencionó.

"Yo pienso que se les debe habilitar la manera de hacer sus sueños realidad." Añadió, tomo una pausa, y respiró profundo.

"Si, pero hay leyes de migración que se deben seguir." Ya entendido el tema de su discurso, le hice saber los aspectos legales.

"Claro, pero todos somos seres humanos de un solo planeta." Juan sostuvo las palmas de sus manos juntas, como si tuviera un globo entre ellas.

"¿Y yo que tengo que ver con todo esto?" Lo cuestioné con mis cejas levantadas.

El tomó asiento detrás de su escritorio, y sacó un folder que se encontraba en uno de los cajones. Me lo dio, y lo abrí. Adentro del folder, había cuatro hojas de biografías, con una foto para cada una.

"¿Quién es esta gente?" Le pregunté y continúe mi estudio de las cuatro biografías.

"Ya conoces a esa gente." Juan me sonrió con una leve mirada burlona, pero de buen gusto.

"¿Cómo?" Me regresó la confusión.

Juan tomó el folder de mis manos y lo levantó al nivel de sus ojos.

"Aquí tienes al Señor Pak. Él es un Ingeniero de Corea del Norte que se especializa en el diseño y construcción de prótesis." Sacó la biografía de Pak y la puso sobre el escritorio.

"También tienes a la Señorita Zina. Ella es una competitiva atleta, y fuerte corredora." Sacó la biografía de Zina y la puso a un lado de la de Pak.

"Tienes al Señor Ulrich. Él es un talentoso entrenador de perros que ayudan a la gente ciega." Puso la biografía de Ulrich a un lado de la de Zina.

"Y aquí." Tomó la última hoja con su mano derecha, y la sostuvo arriba de su cabeza. Al mismo tiempo, el folder cayó al suelo.

"Tienes al Señor Muhammad. El dedicó toda su vida a la religión musulmana, y solo quiere asistir a toda la gente que vive con hambre y en pobreza. Muhammad es un santo en carne y hueso." Juan paró su plática, se paró un poco más derecho, y me miró con una cara de orgullo total.

"¿Cuál es mi parte en todo esto?" Todavía no entendía, por completo, mi papel en la obra que el narraba.

"Ellos ocupan de alguien que los encamine a Estados Unidos. Ya ahí, ellos se moverán por su propia cuenta." Juan se me acercó y me puso su brazo derecho sobre el hombro.

"¡¿Qué?!" Me aparté de Juan como si su brazo me hubiera dado toques.

"Escúchame, ellos son gente de buena fe, y han sacrificado todo por una nueva vida en Estados Unidos." Juan, de nuevo, puso su brazo derecho sobre mi hombro.

"No lo sé." Me aparté una vez más.

Fue un momento tenso, pero Juan no perdió el ritmo de la conversación.

"Pak me dio piernas nuevas. Zina me enseñó a correr con ellas. El perro de Ulrich me asistió durante mis días en silla de ruedas. Muhammad me enseño la fe Musulmana, y me dio una nueva vida." Me habló en voz alta y rápida.

"Voy a ocupar un par de días para digerir todo con calma." La mera verdad, no sabía que pensar.

"Tienes una hora." Juan levantó la mano para ver la hora de su reloj.

Caminé a la puerta y la abrí.

"Piensa en Jessica y Jennifer." Me congeló al mencionar el nombre de mis hijas.

Volteé para ver a Juan una vez más, nos sonreímos, y salí de su oficina.

Llegué a la oficina de Mimi y le toqué la puerta. En cosa de segundos ella abrió y me recibió.

"¡Hola!" Me abrazó y me dio un ligero beso en la mejilla.

Yo hice lo mismo con ella.

"¿Lista para el almuerzo?" Le pregunté.

"Claro." Fue a su escritorio, tomó sus llaves, y salimos de su oficina. Inmediatamente, se dirigió a la oficina de al lado, y entró.

Yo la seguí, pero no entré. Me quedé en el arco de la puerta.

"¡Papá!" Mimi le habló al señor sentado atrás del escritorio.

Yo me le quedé mirando.

Era un catrín de sangre azul, y de unos sesenta años de edad.

No levantó la vista, y no se había dado cuenta que yo estaba en la puerta de su oficina.

"Sí." Le contestó a Mimi.

"Voy a salir con mi amigo." Mimi habló con una voz dulce y tranquila.

Su Papá paró su trabajo, alzó sus cejas, y me miró sin levantar la cabeza.

"¿Él es tu amigo?" Le preguntó a Mimi, pero no me quitó la mirada.

"Te platiqué sobre el por la mañana. Se llama Cristo." El siguió mirándome con una cara de seriedad, se levantó, y caminó hacia mí.

Me le acerqué a Mimi, y miré que le sonreía a su Papá. Yo también traté de sonreírle, pero los nervios me lo prohibieron.

"Así que tú eres Cristo." Me extendió su mano.

"Yo soy Martin." Me habló con una voz sólida y segura, y le detecté un ligero acento francés.

"Mucho gusto." Levanté la mano, y nos dimos un fuerte saludo.

"¿Y vas a almorzar con mi Mimi?" Aun no me soltaba una sonrisa.

"Sí, claro, con su permiso." Me sentía como un niño de primaria.

"Si, con mi permiso." Todavía no me sonreía.

"¡Papá!" Mimi le llamó la atención.

Martin me sonrió por primera vez.

"¿Me puedes mostrar alguna clase de identificación?" La sonrisa se le desapareció.

"¿Cómo?" Le pregunté de inmediato.

"¡Papá!" Mimi le llamó la atención de nuevo.

Había entendido la pregunta de Martin, pero no el porqué.

"Quiero asegurarme que tú eres quien me dices que eres. Mimi es mi única hija, y quiero asegurarme que no va a terminar secuestrada. ¿Si me explico?" No me quitaba la mirada de encima.

"¡Papá, no!" Mimi estaba molesta.

Yo no supe que decir, y saqué mi vieja identificación de la Marina de Estados Unidos. Era la única identificación que había logrado mantener en mi posesión. Él la tomó y se le quedó mirando.

"Un soldado Marino." Me volvió a sonreír.

"Eres un hombre de honor. Tienes mi permiso, y buen provecho." Su voz se llenó de calma y serenidad.

Mimi, y yo, entramos a un clásico restaurant Italiano con el ambiente a media luz.

El restaurant era de un interior rectangular, y de arquitectura modesta. Se encontraban ocho mesas, con una vela en cada una. A lo largo de la pared, entrando al restaurant, había una barra que terminaba en la puerta con acceso a la cocina. En la pared detrás de la barra, estaba un enorme cuadro con la imagen del coliseo Romano. El piso y el techo eran de madera gruesa, oscura, y rustica. Las paredes también eran de madera, y estaban decoradas con antiguos platos y tarros Italianos.

La puerta de la cocina se abrió, y se apareció un alegre hombre de estómago y cachetes redondos. Nos sonrío, y prendió la vela sobre nuestra mesa. "¡Benvenuto Mimi!" Me asombró el acento Italiano de ese hombre.

"¡Rodrigo!" Mimi le dio un fuerte abrazo.

"Él es mi amigo, Cristo." Mimi se separó de Rodrigo.

"¡Benvenuto!" Rodrigo extendió sus brazos y los levantó al aire.

"Gracias, y mucho gusto." Le dije, y nos dimos un fuerte abrazo, con apretón.

Ya terminado nuestro abrazo, Mimi le tomó el brazo a Rodrigo.

"Rodrigo, ¿Nos preparas tu deliciosa sopa de Pomodoro?" Mimi le arrimó su hombro a Rodrigo.

"Claro que sí. Estoy a tus órdenes." Rodrigo se retiró a la cocina.

Nosotros tomamos asiento.

"La sopa de Pomodoro de Rodrigo esta como para chuparse los dedos. Te va a encantar." Mimi me sonrió como una niña, con su regalo favorito, en el día de Navidad.

"Esto va muy bien." Le mencioné.

"Si, los platillos de Rodrigo son del mejor sazón." La alegría de Mimi no la dejaba quieta.

"Te lo creo, pero yo me refiero a nosotros." Le sonreí.

"¿De qué me hablas?" Me preguntó

"Me siento súper bien de estar aquí a tu lado." Un poco inseguro, le seguí sonriendo.

Ella también me sonrió, y mi inseguridad se desapareció.

En eso, Rodrigo regresó con una enorme charola en sus manos.

Cuando se acercó a nuestra mesa, bajó la charola y pude ver dos platos hondos con sopa colorada. Los dos platos ahumaban vapor, y un delicioso aroma de tomate y ajo que inundaba nuestro alrededor. También nos acompañó la sopa con una canasta de pan con mantequilla de ajo.

"¡Provecho!" Rodrigo se puso los dedos a los labios y les dio un beso, "¡Muah!"

"Gracias Rodrigo. Tu comida es la mejor." Sonrió Mimi.

"Gracias, Mimi." Rodrigo nos sonrió al igual y regresó a la cocina.

Ya solos, probamos la sopa.

"¡Güao! La sopa esta riquísima. ¿Pero qué es Pomodoro?" Detecté en la sopa una leve sazón de ajo y pimienta, pero yo sabía que había algo más.

"Es tomate." Mimi me contestó y se rio de mí.

"¿Sabes Cristo? Yo nunca he venido con pareja al restaurante de Rodrigo." Mimi me vio a los ojos con una mirada un poco picara.

"¿Y porque ahora sí?" Le imité la mirada.

Mimi se me acercó.

"Porque siento maripositas en el estómago cuando estoy contigo." Me dio un abrazo de lado.

"Tengo algo que decirte." Paré nuestro dulce momento.

"¿Qué?" Se separó de mí.

"Me ofrecieron un trabajo." Le confesé lo de mi nueva oferta de empleo.

Se había ganado mi confianza, y quería saber su opinión.

"¡Qué bien!" Sin saber los detalles del trabajo, me felicitó.

"Aun no estoy seguro si lo voy a aceptar." Me tomé una cucharada de la sopa.

"¿Por qué?" Ella también continúo saboreándose la sopa.

"Mi mente me dice que no, y mi estómago me dice que no, pero mi corazón me dice que sí." Le hablé muy seguro de mí mismo.

"Definitivamente, tienes que hacer lo que el corazón te dice." Me contestó, y me dio una sonrisa de comercial de pasta dental.

No lo podía creer. Todo lo de ella rejuvenecía mi ser.

Lo único que yo quería, en ese punto de mi vida, era regresar al lado de mis hijas.

Definitivamente, Mimi me estaba cambiando y regrese al tema de las maripositas.

"¿A sí que sientes maripositas en el estómago?" Le recordé a Mimi.

Ella me dio un leve golpe en las costillas. Yo traté de protegerme, pero ya fue muy tarde.

"¿Qué, tu no sientes maripositas?" Me empezó a picar las costillas, y me causó unas fuertes cosquillas.

Los dos estábamos que nos moríamos de la risa.

Después del almuerzo, regresamos a la oficina de Martin.

Mimi abrió la puerta, y entramos. Él estaba detrás del escritorio atendiendo unos documentos.

"¡Papá, ya regresamos!" Dulcemente, le anunció su regreso.

"Bueno." Le contestó sin quitarle la atención a sus documentos.

"Y Cristo ya se va." La voz de Mimi siguió un dulce ritmo de niña chiqueada.

"Oui. Digo, Si." Se le olvidó como hablar en Español y primero contestó en Francés.

"¿Papá, le puedes decir adiós a Cristo, y regresarle su identificación?" Mimi le llamó la atención.

"Está bien Mimi." Miré que Martin estaba muy ocupado, y traté de calmarla un poco.

Martin dejó sus documentos, se paró, y caminó en mi dirección.

"Lo siento Cristo, descubrí que tienes antecedentes penales en Estados Unidos." El me habló muy seriamente.

"¡Le puedo explicar!" Lo interrumpí.

"¡Eres un criminal Cristo, y te prohíbo que te pongas en contacto con mi hija!" Sus gritos me mataron el ánimo.

Me regresó la identificación de la Marina.

"¡Déjalo que te explique!" Mimi le gritó.

Decidí no argumentar más, y me di la vuelta para salir, pero Mimi me agarró el brazo. Volteé a mirarla, y me di cuenta de que su Papá le había puesto las manos sobre los hombros y la detuvo.

Un poco indecisa, y con los ojos mojados, Mimi me soltó.

Yo bajé la cara, me tragué la tristeza, y me retiré.

Entré a la oficina de Juan sin tocar la puerta, y de nuevo, quedé asombrado por el enorme mapa detrás del escritorio.

"¡Okey Juan!" Le grité.

"¿Cómo empiezo está loca aventura que me has propuesto?" No tenía nada que perder, y todo por ganar.

Nada alarmado, Juan se me quedó viendo, y se paró con calma.

"Sígueme." Me sonrió, y salió de su oficina.

Sin saber a dónde íbamos, lo seguí.

Después de caminar un par de cuadras, llegamos a una bodega con paredes de ladrillo sin pintar, y cubiertas de grafiti.

Juan se paró en frente del portón de la bodega. El portón era una cortina de metal, de las que se enrollan para arriba.

Sacó una llave, le quitó el candado al portón, y subió la cortina de metal. La bodega carecía de ventanas, y aunque era de día, estaba completamente oscura.

Ya adentro, se me dificultó mucho descifrar el interior de la bodega, e hice un laborioso empeño para ajustar la vista.

Buscaba a Juan, y a como se me ajustaron los ojos a la oscuridad, lo primero que vi, fueron los dientes de su gran sonrisa.

"¿Qué te parece?" Levantó los brazos como si me fuera a dar un abrazo, y su sonrisa se agrandó aún más.

Empecé a fijar la vista atrás de Juan, y al interior de la bodega.

Ahí, con los ojos ya ajustados a lo oscuro, vi que la bodega estaba llena de carros de diversos estilos y colores

No lo podía creer.

"Todos estos carros están a tu disposición." Juan hizo un movimiento con sus brazos, e imitó a un torero cuando mueve su capa con un toro al lado.

Quedé tieso.

"Escoge el que más te guste." Me sugirió.

Yo me paré a un lado de un Ferrari rojo.

"Ese también es mi favorito." Me aventó las llaves del Ferrari y nos subimos.

De la manera más rápida, arranqué el motor, le metí cambio, y aceleré con un escandaloso quemón de llantas.

Se me vino a la mente uno de los refranes que decía mi Abuela cuando alguien manejaba demasiado rápido, "Iba como alma que se lleva el diablo."

Después de ese excitante episodio, regresamos a la oficina.

"Me gusta tu estilo." Le confesé.

"Hay una cosa más." Abrió un cajón de su escritorio, y sacó una pila de billetes de un par de centímetros de grueso.

Eran billetes de cien dólares.

"La mitad te la llevas hoy, y el resto cuando termines." Partió la pila de billetes en dos.

"Mis amigos pronto estarán en Estados Unidos, y tú vas a tener a tus hijas a tu lado." Añadió.

Luego sacó un tequila y sirvió dos tragos. Él tomó uno, y yo el otro.

"Dalo por hecho." Levanté el vaso.

"¿Seguro?" Me preguntó.

"Te lo juro por el honor de la Marina de Estados Unidos." Le contesté con lo que más me había costado en la vida ganarme, y con lo que sabía que nunca iba a perder.

Me refiero al honor de un guerrero de la Marina de Estados Unidos.

Juan quedó asombrado con mis palabras.

"¡Salud!" Levantó su trago.

"¡Salud!" Le respondí orgullosamente.

Chocamos los vasos, nos tomamos los tragos, y gozamos del fuerte ardor del tequila.

Al día siguiente, me fui a pasear en el Ferrari, pero no me divertí.

Traía la mente llena con recuerdos de Mimi, y necesitaba verla.

Paré en una florería por un ramo de rosas rojas, y me dirigí a su oficina. Ya ahí, me estacioné y me bajé con el ramo de rosas en la mano.

Ya enfrente de su puerta, empecé a sentirme muy raro. No sabía ni que pensar. Aun así, me llené de valor y le toqué la puerta.

El corazón lo tenía atorado en la garganta, y los segundos de la espera se me hicieron eternos.

En eso, Mimi abrió la puerta.

"¡Hola, pensé que nunca te iba a volver a ver!" Me recibió con un fuerte abrazo.

"Te traje estas flores." Le obsequié el ramo de rosas.

"¡Que tierno!" Me abrazó de nuevo.

"Vamos a dar la vuelta." Le propuse.

"Ya estas." Me contestó.

Caminamos hacia el Ferrari y le abrí la puerta, pero ella no se subió.

"¿Cómo que no me has dicho todo de ti?" Cruzó los brazos en frente de su pecho.

"Es parte de mi nuevo trabajo. El que te comenté." Le recordé.

Ella me sonrió y tomó asiento en el Ferrari.

Me sentía como un rey.

Ya los dos adentro, empecé a manejar sin saber a dónde iba.

"Acepté la oferta de trabajo, y me voy a ir de viaje por unos días." Me quedé pensativo un par de segundos.

"…Y…" No pude continuar con mi plática.

"¿Hay algo más?" Me preguntó.

Ella era muy especial, y me sentí obligado a confesarle lo de mis hijas.

"Ten-go dos hijas." Se me quebró la voz un poco.

"¿Eres casado?" Se me quedó viendo.

"Divorciado." Le contesté con una voz completamente en desaliento.

"Mi ex me engaño con otro hombre, y le partí la madre a los dos. Es por eso que fui arrestado, sentenciado, encarcelado, y deportado." Añadí.

"Ya veo. Eso explica lo de tu vida criminal." Se empezó a reír a carcajadas.

Yo me reí con ella.

Seguía manejando, y puse la mano derecha en la palanca de cambios. Antes de que la quitará, Mimi la tomó con sus manos. Eso me sorprendió, y el estómago se me llenó de maripositas. De las que me había hablado en el restaurant de Rodrigo. Hasta el corazón me brincó un latido, y me estacioné de inmediato.

Ahí estábamos, mirándonos a los ojos, y sin hablar.

Sentía que el tiempo no avanzaba.

Mimi se me acercó, y nos dimos un pequeño beso en los labios.

Esa noche, llegué al cuarto del hotel un nuevo hombre, y no podía contener la adrenalina. Tomé el teléfono de la habitación y le marqué a Juan.

"¡Bueno!" Contestó Juan.

"¡Estoy listo Juan!" Quería empezar ya.

"¿Tienes algún plan?" Me preguntó con calma, pero, aun así, su pregunta me tomó por sorpresa.

No había pensado en eso. Aunque sus palabras tenían validez, me sentía más que apto para la tarea que me había propuesto.

De nuevo, se me vino a la mente uno de los refranes que decía mi Abuela cuando alguien era muy hábil para su trabajo, "Esto es pan comido."

Juan siguió hablando, "La gente de la que te platiqué me salvó la vida. El fracaso no es una opción." Sus palabras me dejaron mudo por unos largos segundos, y me despertó un poco la ira.

Antes de contestarle, decidí pensar bien las cosas.

"Junta a tus amigos en la oficina esta noche. Ahí estaré para listo para empezar este show. ¡No fracasaré!" Le advertí.

El resto del día paso rápido y pronto me encontré en la oficina de Juan.

Por primera vez, conocí a Zina, Pak, Ulrich, y Muhammad.

Los saludos fueron un coro de holas, intercambios de nombres, abrazos, y muchos gustos. Ya terminadas las presentaciones, me paré enfrente de Juan.

Yo estaba listo, y me hubiera gustado haber tenido algún discurso, pero no fue así.

"Nos vamos Juan." Le di la mano.

"Buena Suerte." Me contestó y me dio su mano.

Esa fue nuestra despedida, acompañada con un sencillo apretón de manos. Sus amigos también se despidieron y salimos de la oficina. Creo que hubo algo más, pero no lo recuerdo.

Ya en la calle, paré el primer taxi que vi y nos subimos.

"¿A dónde?" Preguntó el taxista y arrancó.

"Llévanos a las afueras de la ciudad." No quería darle muchos detalles y le contesté con pocas palabras

El taxista frenó su taxi.

"¡¿A dónde?!" Me habló fuerte y me peló los ojos.

"Afuera de la ciudad. A las montañas." Le apunté al frente del taxi.

"¿A dónde?" Me volvió a preguntar.

¡Tú dale!" Terminé gritándole.

"...Okey..." Accedió y aceleró.

Fue un poco largo el transporte, y ahí fue que me di cuenta de las características físicas de los amigos de Juan.

Zina era una mujer joven. No pasaba de los veinte años. Sumamente atlética y alta. Su piel era morena, del color de un rico bronceado adquirido en un soleado día de playa. Era una mujer Africana de cabello corto y rizado, labios un poco gruesos, simpática sonrisa, nariz chica, y ojos negros. Tenía un atractivo que provocaba.

Pak era un hombre maduro y serio. Tendría un poco más de cuarenta años, con un cuerpo que aún mantenía rasgos de su musculo juvenil. Era chaparrito, y de piel blanca. Su cabello aun negro, y el rostro con solo un par de arrugas de patas de gallo. Sin duda, fácil se le podía identificar como un hombre del Oriente.

Ulrich era un hombre estoico y de pocas palabras. Se le miraba joven, pero ya andaba a la mitad de su tercera década de vida. Definitivamente, él era güero Europeo, y de sangre azul. Era alto y de buen porte.

A Muhammad, siempre se le miraba alegre, aun cuando no sonreía. Ya pasaba de los veinte años, pero aún le faltaba mucho para llegar a los treinta. Era de cabello negro, grueso, y liso. La piel le carecía color, pero se le miraba fácil de broncear. Sus rasgos faciales no llamaban la atención, excepto su nariz. Tenía la nariz delgada y de puente alto, pero de buen ver. Su estatura no era alta, pero tampoco chaparra. Era descendiente de la identidad del Imperio Persa.

Seguimos en el taxi sin hablar ni una palabra.

Llegamos a las afueras de la ciudad, donde cunde la pobreza, y nos seguían un par de perros que ladraban desesperadamente.

El chofer paró el taxi al lado del último grupo de casas, en un cerro con una calle de terreno disparejo. Esas casas estaban construidas con paredes de pedazos de tablas y cartón, techo de láminas, y escalones hechos con llantas acostadas.

"Apaga las luces." Le dije al taxista.

Ya en la oscuridad, los perros cesaron sus ladridos. Tenía la ventana abierta, y me asomé para ver a los caninos. Los dos estaban detectando olores en la llanta al frente y de mi lado. En eso, uno de ellos orinó la llanta, y luego el otro. Ya terminada su tarea, los dos perros nos abandonaron.

"Continúa, pero con las luces apagadas." El taxista hizo como le ordené.

Seguimos un camino rustico y disparejo, lleno de hoyos y piedras. Nosotros rebotábamos dentro del taxi, y pasamos un episodio parecido al que se vive dentro de un brincolin inflable, pero sin las risas.

Llegamos a una cima, y vimos al norte. Claramente se miraba el cerco que divide Tijuana y San Diego, más todas las luces de ambas ciudades.

Era un panorama impresionante.

Seguí mirando el cerco, y alcancé a ver un agujero.

"¡Para aquí!" Le grité al taxista.

El paró y me miró con una sonrisa. Me estaba leyendo la mente, y sabia exacto lo que tramaba.

"Gracias." Le agradecí sus servicios, le pagué, y nos bajamos.

Antes de que el taxista arrancará, me acerqué a la ventana del chofer y le dije de cerca, "Mantén las luces apagadas."

"Si, que Dios los bendiga." Se despidió haciéndonos la cruz de la bendición.

Ese era el momento del cruce.

No lo consideraba muy complicado. Solo era cosa de cruzar por el agujero en el cerco, y caminar un par de kilómetros.

Ahí estaba, concentrado y sin moverme, mis ojos enfocados en el agujero.

Lentamente, se paró Zina enfrente de mí y me miró a los ojos.

"Te estamos esperando." Sus palabras rompieron mi concentración.

"…Si…" Le contesté.

Me di cuenta que no había hablado con los amigos de Juan ni una palabra. Los miré a todos, y ellos a mí. No tenía ni la menor idea que podrían estar pensando de mí, o que les habría platicado Juan.

Eso sí, yo me sentía muy hábil para la tarea del cruce, y creo de más.

"Okey, ahí vamos a cruzar." Le apunté al agujero.

"Y ahí es a dónde vamos." Le apunté a las luces de la Ciudad de San Diego.

"Síganme de cerca. No se me vayan a perder." Empecé a caminar.

Ellos me siguieron.

Pronto llegamos al agujero en el cerco, y yo fui el primero en cruzar.

Ya en el otro lado, di un par de pasos más, y me di cuenta de que ellos todavía no cruzaban.

"Y ahora. ¿Qué les pasa?" Les hablé en voz baja, pero con urgencia.

"¿Y la migra qué? Me preguntó Zina sobre los oficiales del "Border Patrol" de Estados Unidos.

Ese no era el tiempo de argumentar sobre la migra. Tampoco era tiempo de hacerse para atrás.

"Yo no los veo por aquí. Así que vamos a cruzar rápido. Antes de que nos vean." Le contesté muy seguro de que íbamos a triunfar en nuestro cruce, pero por primera vez, me nació un poco la duda.

Solo quería que actuaran con optimismo. Sin ningún miedo.

Zina cruzó por el agujero, y luego los demás.

"Bienvenidos a Norteamérica." Los felicité por su arribado a Estados Unidos.

Todos me contestaron con una sonrisa, y sus cuerpos se movieron como si les hubiera atacado un escalofrió.

Entre tropiezos y caídas, empezamos a correr. Cruzábamos un terreno disparejo, surtido con piedras, y envuelto con una variedad de pequeños arbustos. Seguíamos sin hablar, pero ya se nos escuchaba una respiración profunda y pesada, acompañada con unos laboriosos pujidos.

Después de correr una corta distancia, se aparecieron un par de luces. Eran una patrulla de la migra. Estaba crestada en un cerro, y sus luces se proyectaban al cielo.

De inmediato, se me congeló el cuerpo.

Hasta ahora, no me había llegado la enormidad del cruce.

Mis compañeros también se habían congelado.

"¡Escóndanse!" Les ordené.

Entre clavados y empujones, nos metimos dentro de unos arbustos.

Miré que el vehículo de la migra estaba parado, y el oficial que lo piloteaba se bajó. Caminó a su alrededor y empezó una búsqueda. Se asomó en unos arbustos que estaban cerca de él, y les apuntó su lámpara de mano.

Me llené de valor y busqué a mis compañeros con la vista. Temía, que quizá, no todos estaban ahí conmigo. Entre la oscuridad, les pude mirar el sudor que les brillaba sobre sus rostros. Todos me miraban con una cara de alarma. Me di cuenta de que yo también estaba bañado en sudor, y de que el corazón me latía como un tambor de banda. Si, hasta lo podía escuchar.

Mis ojos regresaron su atención a las actividades del oficial, que seguía con su búsqueda. Con la lámpara en mano, caminaba y varios arbustos se iluminaron. De la nada, salieron corriendo tres hombres que estaban escondidos ahí. Lógicamente, los tres corrieron en direcciones diferentes.

Tomaron al oficial por sorpresa, y el tardó un par de segundos en decidir con quién empezar su persecución.

En eso, una de las tres personas tropezó y se cayó. El oficial lo tomó bajo su custodia y sacó su radio.

"This is unit three bravo requesting aerial surveillance on radio tower trail." Alcancé a escuchar el mensaje que transmitió el oficial, y lo entendí perfectamente.

Estaba pidiendo un helicóptero para rastrear a las dos personas que se habían escapado.

Y así fue.

Me concentré un poco, y mis oídos captaron el fuerte aleteo de hélices en el cielo.

De nuevo, mis ojos buscaron a mis compañeros.

Ellos ya no tenían una mirada de alarma, pero sí una de gran desesperación. Mi plan era permanecer escondidos hasta que la migra se retirara, pero empezaba a dudar.

El fuerte ruido del aleteo rítmico de hélices me regreso a la realidad, y un remolino de aire nos empezó a sacudir con tierra y vegetación. Repentinamente, la oscuridad que nos protegía se desapareció. La luz de rastreo del helicóptero iluminó nuestro escondite, y la noche se convirtió en día.

"¡Corran!" Brinqué y me puse de pie.

"¡Al agujero en el cerco!" Jalé conmigo a Zina y Pak.

Al mismo tiempo, Ulrich y Muhammad corrieron tras nosotros.

La corrida fue una locura.

Repetidamente, la luz de rastreo me encandiló los ojos, y varias veces perdí la vista. Entre duros tropiezos y jalones, continué corriendo por el salvaje terreno. Miré a mí alrededor para asegurarme que los demás corrían a mi lado. Ya satisfecho de saber que me seguían, pude ver que también se les dificultaba la corrida. El tornado causado por el vuelo del helicóptero nos cacheteaba con tierra y ramas. Era una carrera parecida a las que corren los soldados durante una batalla de combate. Nada más faltaban los balazos.

No lo podía creer.

Seguí corriendo y pronto localicé el agujero en el cerco. Di varios pasos más y me aventé un clavado. Antes de caer al suelo, ya sabía que estaba de regreso en el lado Mexicano.

Lleno de adrenalina, caí duro al suelo, pero no sentí ningún dolor.

Al mismo tiempo, me preocupaba saber de los demás, pero mi preocupación no duro mucho. Ya que de repente, viví un juego de "Chinchilegüas." Zina, Pak, Ulrich, y Muhammad, brincaron sucesivamente y me cayeron encima.

Todo fue un episodio muy inquietante.

Los truenos de los hachazos de las hélices pasaron a la historia. La oscuridad regresó, y los fuertes vientos cesaron.

"¡¿Estás seguro de lo que haces?!" Todavía estaba en el suelo recuperándome cuando los gritos de Zina me tomaron por sorpresa.

Ella ya se había parado, y a todo su cuerpo le radiaba el coraje. Busqué a los demás, y todos me miraban con ira en sus caras.

Me paré lentamente y me desempolvé.

"...Si, yo sé lo que hago..." Le contesté con calma.

"Mejor será que regresemos con Juan." Me habló Ulrich con una conducta estoica.

Por primera vez, habló alguien aparte de Zina.

Me di cuenta que me hablaban en serio.

"No, lo vamos a intentar de nuevo." Seguí con mi discurso.

"Pues vamos a ocupar agua y provisiones para el camino." Me señalo Pak.

"Si, de acuerdo." Accedí a su comentario.

"Y mis rezos." Muhammad añadió el aspecto religioso.

Después del reciente episodio que habíamos vivido, Muhammad tenía toda la razón.

"¡Definitivamente!" Le contesté.

Siguiendo el cerco, empecé a caminar rumbo al este.

Todos me acompañaron, y pensé que ya todo estaba en orden.

"Esto no va a funcionar." Zina rompió el silencio.

Yo seguí contemplando nuestra situación sin darle detalles a nadie.

"Tenemos que tener fe. No venimos hasta acá para darnos por vencidos tan fácilmente." Las palabras de Muhammad tenían mucha lógica.

Yo seguí caminando en silencio.

"Necesitamos usar una parte de terreno que nos facilite el cruce. Un terreno en el que la migra no pueda rastrearnos." Interrumpió Pak.

Aun no me nacía algo inteligente que decir.

"¡Necesitamos un plan!" Gritó Ulrich.

Me alcanzó y se paró enfrente de mí. Luego me sujetó de los hombros y me prohibió el paso.

"¡Lo intentamos de nuevo! ¡Ese es el plan!" Lo empujé a un lado y resumí la caminada.

La siguiente mañana, me despertó el brillo de los primeros rayos de sol que se asomaban en el horizonte.

Habíamos dormido bajo una cobija de estrellas, y ocupábamos encontrar un lugar antes de que llegara el calor del medio día.

Así que desperté a todos.

Después de varios estirones, y pellizcos a la orilla de los ojos para quitarnos las lagañas, continuamos la caminada.

No había tiempo que perder, y de nuevo resumimos en dirección al este.

Caminamos por un corto tiempo, y al trepar una pequeña cima, vimos que el cerco fronterizo terminaba. Eso me sorprendió. Sabía que el cerco no cubría toda la línea internacional, pero no me lo esperaba ahí.

Nos quedamos mudos.

Empezamos un estudio visual de todo el terreno que nos rodeaba, y descubrimos que estábamos solos. No había ningún oficial, o patrulla, de la migra.

"Aquí cruzamos." Le dije a todo el grupo.

"A mí no me gusta esto. Parece una trampa." Me alegó Ulrich.

Y sí, todo el paisaje se sentía más raro que un panteón abandonado.

"No se oye ni el viento." Me alertó Muhammad.

"Ni nubes en el cielo." Apuntó Pak.

"¿Estás seguro?" Me preguntó Zina.

Al momento, no le contesté, y continué el estudio visual de nuestro alrededor. Ellos hicieron lo mismo.

"...Si..." Me tomé mi tiempo en contestarle.

"Ahora mismo cruzamos." Le añadí.

Empecé a correr rumbo al norte como un loco. Esa vez no iba a parar hasta estar al lado de Jessica y Jennifer. Nada me iba a detener.

En corto tiempo, mi carrera se llenó de tropiezos y pesados respiros.

Decidí tomar una pausa para ver a los demás, y me di cuenta que seguían parados.

"¡Vámonos!" Les grité entre pujidos.

Empezaron a correr y pronto llegaron a mi lado. Ya con la respiración bajo control, corrimos juntos rumbo al norte. No corrimos fuerte, pero si con determinación. Eso nos permitió seguir sin cansarnos, y corrimos por media hora con un buen ritmo.

Aun así, decidí parar y tomar un descanso. Creo también ocupábamos un poco de agua, pero nos sentíamos motivados. Empecé a observar el terreno que nos rodeaba, con la expectativa de que iba a encontrar algo bueno. Quizá una carretera, o una casa. Ya que nuestra motivación no nos iba a durar mucho sin alguna cosa, o evento, que nos ayudara.

Tuvimos suerte.

Entre enormes rocas, y salvaje vegetación, localicé una casa de estilo cabaña. Eso me llenó de aliento. Ya que la sed me atacaba bastante fuerte, y traía la lengua y los labios completamente secos.

Llegamos a la cabaña, y todos nos fuimos por la manguera que estaba en el suelo. Zina la recogió primero, y yo le abrí a la llave. Después de tomar agua por un largo tiempo, se mojó toda la ropa y el cuerpo. Desde los pies, hasta la cabeza. Pak, Ulrich, y Muhammad hicieron lo mismo.

Yo fui el último en tomar la manguera y saciar mi sed. Hasta me deleité con el sabor del plástico de la manguera. Igual que los demás, terminé completamente empapado.

Aun con la manguera en la mano, empecé a bañar a todos con un fuerte chorro de agua. Fue un momento divertido, y nos empezamos a carcajear como niños.

Ese episodio me acordó a las calientes tardes de verano que viví con Jessica y Jennifer. Las sacaba al jardín de nuestro apartamento, y vestidas en sus trajes de baño, yo las bañaba con el chorro de agua de la manguera. A ellas les fascinaba, y hasta se enojaban cuando este estilo de baño terminaba.

Yo aún tenía la manguera en mi mano, cuando Zina cerró la llave del agua, y el chorro de agua de la manguera terminó. Eso me quitó el recuerdo de mis hijas. De inmediato, regresé a la realidad.

"… Okey… …Vámonos…" Ya refrescados, continuamos caminando.

Decidimos seguir un viejo camino que trazaba un cerro hasta no poderse ver más.

Un par de kilómetros después, yo empecé a sentirme todo un campeón. Era como caminar en el parque.

Ahí fue que empezó un intenso episodio de drama.

Un par de patrullas de la migra se aparecieron. Una por enfrente de nuestro camino, y otra por detrás. Al mismo tiempo, un helicóptero nos rastreaba por el cielo.

Estábamos rodeados.

Rápidamente, busqué una ruta de escape, y solo había una. Era rocosa y muy difícil de caminar. Les señale esa área a mis compañeros.

"¡Corran!" Les grité.

Aun así, me sentía completamente en control de la situación.

Esperé un momento en el camino para ver los movimientos de la migra, y pude ver que las patrullas se nos acercaban.

Zina, Ulrich, y Muhammad, ya iban avanzando por el área rocosa, pero Pak se estaba atrasando. Yo empecé a seguirlos, y pronto alcancé a Pak, pues se estaba acalambrando. De inmediato, supe que Pak no podía seguir, y decidí permanecer con él. Zina, Ulrich, y Muhammad, seguían avanzando con rapidez. Estaba seguro de que iban escapar y no me preocupé por ellos.

Pak y yo regresamos al camino en que las patrullas de la migra nos seguían, y en corto tiempo, una patrulla llegó a donde estábamos.

Miré en dirección de Zina, Ulrich, y Muhammad, y me di cuenta de que se habían parado. Nos estaban observando, y les señale con un manotazo al aire para que continuaran. Lentamente, se desaparecieron entre las rocas. Sabía que iban a estar bien.

Nada más me preocupaba Pak. El seguía batallando con sus calambres.

"¿Estas bien?" Le pregunté.

"Si, pero tenemos otro problema." Me contestó y me señalo el oficial de la migra que estaba a mi lado.

Miré el oficial y le sonreí.

"Es su día de suerte." Dijo el oficial.

"¿Por qué?"

"Pues por que hoy se van a pasear en un helicóptero." El oficial apuntó al helicóptero que estaba aterrizando a unos cien metros de nuestro lugar.

"¡Güao!" Le contesté y empecé a caminar rumbo al helicóptero.

Pak y el oficial me siguieron.

"Calmado. ¿Qué es tu primera vez que viajas en un helicóptero?" Me preguntó el oficial.

"Sí." Le mentí.

En cuanto llegamos al helicóptero, yo fui el primero en subirme.

"Espera. Aquí nadie se sube sin esposas." Me llamó la atención el oficial.

"¿Y qué crees que va a pasar si me escapo de este helicóptero mientras vuela?" Me burlé un poco de él.

"Creo que tienes razón." Se rio de mí.

Pak subió, y el oficial cerró la puerta del helicóptero y tomamos vuelo.

Todo se empezó a mover en cámara lenta.

Me acordé de todas las misiones de rapel durante mi tiempo en la Marina de Estados Unidos. Todas fueron en helicópteros. Me acordé de la escandalosa tembladera de todo el helicóptero, del calor de los motores, y del olor de petróleo quemado que produce el combustible.

También me acordé del aceite de las líneas hidráulicas.

"¿Las líneas hidráulicas?" Me pregunté en voz baja y las empecé a buscar.

Ahí estaban, coqueteándome desde una de las paredes del helicóptero. Miré por la ventana y me di cuenta de que no íbamos a mucha altura. Ese era el momento oportuno de romper las líneas hidráulicas y derribar el helicóptero. Ya que sin aceite en las líneas hidráulicas, el helicóptero no vuela.

A jalones y patadas, empecé a arrancar las líneas hidráulicas. El copiloto se me hecho encima, pero Pak me lo quitó. Bañado de aceite hidráulica, yo seguí arrancando las líneas como pude.

El helicóptero empezó a perder altura, y a zangolotearse como en un remolino. Empezó lento, y en menos de un segundo, caíamos fuera de control.

"¡Agárrate!" Le grité a Pak y me sujeté.

Fue muy tarde para Pak y el copiloto. Los dos se golpearon con asientos, paredes, y tubos dentro del helicóptero. Parecían un par de calcetines dentro de una secadora.

El aterrizaje, o caída, fue durísima y escandalosa. Las hélices tronaron varias veces, y pararon después de un errático temblor. La cabina se llenó de humo y charcos de combustible. Como pude, me puse de pie y salí del helicóptero.

Ahí me di cuenta que Pak no estaba conmigo. Me asomé dentro de la cabina, y vi que solo estaban los dos oficiales. El piloto y el copiloto. Se habían desmayado y estaban despertando.

"¡Cristo!" Escuché el grito de Pak.

Empecé a buscarlo alrededor de lo que quedaba del helicóptero.

Lo encontré entre escombros de metal, y cubierto en polvo.

Llegué a su lado y lo tomé del brazo.

"¡No!" Me gritó.

"¿Qué tienes?"

"Creo que me quebré el brazo."

Lo miré de cerca y le revisé los brazos.

"No, parece que solo fue un golpe." Era el izquierdo.

Los huesos en el brazo se le miraban en orden, y como pude, lo ayudé a ponerse de pie.

"¡Tenemos que irnos ya, corre!" Empezamos a correr en dirección de donde vimos a Zina, Ulrich, y Muhammad por última vez.

Entre pujidos y dolores, corrimos por un buen tiempo.

Parecía que corríamos al azar, y pensé que estábamos perdidos. En eso, alcancé a ver a Zina, Ulrich y Muhammad. Ellos corrían hacia nosotros. No lo podía creer y pensé que me lo estaba imaginando.

En un cerrar y abrir de ojos, ellos llegaron a nosotros y nos dieron un fuerte abrazo.

"Pensé que estaban muertos." Suspiró Zina.

"Esto sí que es una locura." Me reclamó Ulrich.

"No importa, tenemos que seguir." Muhammad nos asistió a caminar.

"Si, pero eso fue lo más divertido que he vivido en toda mi vida." Se empezó a reír Pak, y por un momento, se le olvidó el dolor de su brazo.

Al igual, todos nos empezamos a carcajear sin que nos importara la situación.

El resto del día caminamos hasta que el cansancio nos invadió.

Mis labios estaban resecos, y de nuevo me moría por un trago de agua.

Lo bueno, era que ya se estaba metiendo el sol, y seguíamos con vida. Lo malo, era que ya no sabía dónde estábamos, pero parte de mi me decía que estábamos en Estados Unidos.

En medio de esa duda, mis ojos acertaron la existencia de una pequeña cabaña que estaba a una corta distancia. Eso me aliento. Les señalé la cabaña a los demás, y de inmediato se les subió el ánimo. Les pude ver la alegría en sus caras, y todos empezamos a caminar con una nueva motivación.

Ya completamente agotados, llegamos a la cabaña. Nos quedamos parados enfrente de la entrada, y nos dimos cuenta que estaba abandonada. La puerta estaba abierta a medias, y las ventanas quebradas. Todo estaba cubierto con polvo, y en falta de aseo.

"¿Dónde estamos?" Me preguntó Zina.

Me acerqué a la puerta y me asomé adentro.

"Investiguemos." Le contesté.

Todos me siguieron y empezamos a investigar el interior.

No había mucha variedad de muebles, y lo poco que había, estaba cubierto de una gruesa capa de tierra.

Ulrich se encontró un calendario clavado en la pared y se le quedó viendo. Los meses del calendario estaban escritos en Español.

Muhammad se encontró un viejo periódico en el piso y lo recogió. Los artículos del periódico estaban escritos en Español.

Zina se encontró un pequeño radio de baterías sobre un barrote en la pared. Le quitó el polvo con un par de soplidos y lo prendió. De inmediato, la cabaña se llenó con una alegre canción de banda, y el buen ritmo nos causó una sonrisa.

"¿No estamos en San Diego?" Preguntó Pak.

Zina apagó el radio.

"Creo que no." Le contestó

Yo estaba seguro de que no.

Me le acerqué a Pak y le ayudé a tomar asiento en el piso. El brazo le seguía doliendo, y ya lo tenía de color negro, rosa, y morado. Era un buen ejemplar de moretes.

Tome asiento a su lado, y Zina y Ulrich hicieron lo mismo.

Muhammad se hincó y empezó sus rezos.

Ya descansando un poco, me acordé de que seguía con sed, y de que también se me antojaba algo de comer. Cueste lo que cueste, tenía que salir a conseguir algún tipo de provisiones para todos. Ya que teníamos más de un día sin alimentos.

Entre esa sed y hambre, me interrumpieron los rezos de Muhammad. Vi que estaba hincado con la cabeza en dirección a La Meca.

"Atestiguo que no hay más Dios que Al-lâh." Lo escuché decir.

No podía creer que después de todo, la fe en su religión permanecía sin ningún inconveniente.

Eso me motivó.

"Quédense aquí." Me puse de pie.

"Voy a buscar agua y algo de comer." Me fui a buscar provisiones.

Muhammad siguió con sus rezos, y los demás siguieron con su descanso.

No sé qué mensaje llevaban los rezos de Muhammad, pero pronto me di cuenta de que era algo bueno.

Ya era de noche, pero no tuve que buscar por mucho tiempo.

En menos de media hora, encontré unas luces de un pequeño poblado. Tenía alrededor de una docena de casas, y una pequeña tienda de abarrotes. Unas casas eran de cartón y madera, y otras tenían paredes de ladrillo o bloque, pero todas sin terminar. Una avenida cruzaba por el centro del pueblo, pero no había banquetas, ni pavimento.

Caminando con calma, yo entré al pueblo, y dos perros que olían un tambo de basura me dieron la bienvenida. Se me acercaron brincando, ladrando y moviendo la cola. Ya a mis pies, agacharon la cabeza y me olieron los zapatos.

"Bien amigos." Me hinqué a su lado y les acaricié la espalda.

"Yo también busco algo de comer." Me puse de pie y seguí caminando rumbo a la tienda.

Con los perros de escolta, llegué a la puerta de la tienda y entré.

Minutos después, salí de la tienda, y estaban los perros esperándome. Les obsequié un kilo de croquetas de purina dentro de una bolsa de papel. Se las puse en el suelo y empezaron a devorárselas. De inmediato, se olvidaron de mí.

Ya entre la negra oscuridad de la noche, y con un costal lleno de comida enlatada y botellas de agua, llegué a la cabaña.

Encontré a todos durmiendo.

Empecé a tirar las latas en el piso, y el ruido los empezó a despertar. Aun acostados, estiraron sus brazos y manos para recoger las latas. Mientras se fijaban en las latas, tomé el abrelatas y se los enseñé. Miraron el abrelatas en mi mano, pero nadie lo tomó.

"¿Estás seguro que estamos en México?" Me preguntó Zina.

No le contesté y empecé a abrir una lata.

"¡¿En dónde estamos?!" Me gritó Ulrich.

"¡Come!" Le puse la lata que abrí en el pecho.

"No importa donde estemos, Al-lâh siempre estará con nosotros." Habló Muhammad.

Todos nos quedamos pensando en las palabras sabias que habló Muhammad.

"Necesito que alguien me abra una lata." Rompió el silencio Pak.

Se me había olvidado de que se había lastimado el brazo, y de que el dolor que le causaba no le permitía abrirla. Ni siquiera podía mover el brazo. Lo bueno era que permanecía hábil con su brazo derecho, y que era diestro.

Esa noche comimos y nos hidratamos hasta que no pudimos más.

Ya con la pansa llena, dormimos como bebitos.

No sé porque, pero algo me despertó un poco antes de que saliera el sol en la mañana.

Estaba acostado, y con los ojos abiertos, cuando mis oídos escucharon el soplar del viento. Me levanté con calma, caminé a la ventana, y miré rumbo al horizonte en el este. Aun no salía el sol, pero si se asomaban leves rayos de luz.

Tomé una pausa, y miré a Zina, Pak, Ulrich, y Muhammad. Ya la oscuridad se empezaba a rendir un poco ante la prevista llegada del sol, y alcancé a mirar el brillo de la piel en sus rostros. Seguían durmiendo profundamente.

"...Hijo..." Me llamó una voz.

Casi corriendo, salí de la cabaña y miré a mi alrededor. Estaba seguro que había escuchado una voz.

La voz del Chamán.

"Buenos días." Me habló Zina desde la puerta de la cabaña y me asustó.

"¿Estas bien?" Me preguntó.

Si la escuché, pero no le respondí.

"¿No oíste algo?" Le pregunté.

Ella miró a su alrededor.

"¿El viento?" Me cuestionó.

De nuevo miré al horizonte en el este.

"…Si, el viento…" Le contesté lentamente.

Volteé a ver a Zina, y me sorprendió ver a Pak, Ulrich, y Muhammad a su lado.

"Lo vamos a lograr." Les hablé con firmeza.

"Espero tengas razón." Me advirtió Zina.

"Eres demasiado optimista." Me afirmó Ulrich.

"Si, y muy contagioso." Me sonrió Pak.

El único sin hablar era Muhammad. Estaba concentrado en el terreno que nos rodeaba. Lo miré por varios segundos, y me moría por saber su opinión.

Ahí fue que se asomó el sol por primera vez, y todos nos quedamos mudos al ver el resplandor en el cielo.

"Al-lâh nos va a guiar. Lo vamos a lograr." Las palabras de Muhammad nos agarraron por sorpresa, y todos volteamos a verlo al mismo tiempo.

Muhammad estaba sonriendo, y puedo jurar que era la misma sonrisa con la que me miraba mi Abuela cuando me leía la mente.

El resto del día comimos, bebimos, y descansamos.

Ya al anochecer, salimos de la cabaña y caminamos rumbo a las montañas al norte.

El camino estaba difícil y complicado, con un sinfín de piedras. Cuando no íbamos de subida, caminábamos bajadas de precipicio. No nos tocaron tramos parejos.

Después de un par de horas, empezamos a sentir el cansancio. Todos traíamos la respiración elevada, y sudor en el rostro.

De vez en cuando, nos mirábamos a los ojos, pero no nos hablábamos.

Ahí fue que decidí parar y tomar un buen descanso. Al mismo tiempo, no estaba muy seguro de adónde íbamos, ni donde nos encontrábamos. El descanso me permitió estudiar el terreno y acertar el camino.

"¿En dónde estamos?" Me preguntó Zina.

No le contesté y seguí estudiando los alrededores.

"¡Necesitamos un plan!" Me interrumpió Ulrich.

Luego se paró en frente de mí y me miró con duda en su rostro.

No sabía que contestarle.

"¡Aaah!" Se quejó Pak.

Todos volteamos a verlo. Se estaba agarrando el hombro izquierdo, y una expresión de dolor le resaltaba en sus ojos.

De inmediato, Zina y Muhammad, lo asistieron a tomar asiento en el suelo y con una roca a su espalda. Muhammad le tomó el brazo, y Zina le empezó a masajear el hombro. Pak cerró los ojos, peló los dientes, y se aguantó los dolores.

"No puede seguir." Me reclamó Muhammad.

"No podemos parar." Le contesté.

"Es muy fácil. Nosotros seguimos, y él se queda." Nos interrumpió Ulrich.

"¡Nadie se queda!" Le grité a Ulrich.

"Cálmense." Se puso de pie Pak.

"Nada más ocupo un buen vendaje en el hombro, y voy a poder continuar." Añadió.

Zina empezó a romper la tela de las piernas de su pantalón y pronto se quedó en shorts. Uso la tela para romperla en tiras y vendarle el hombro a Pak.

Estaba mirando a Zina como vendaba a Pak, cuando me di cuenta de sus preciosas y musculosas piernas. Definitivamente, las piernas de Zina podían ser la envidia de todas las mujeres del mundo.

"¿Cómo te sientes?" Le preguntó Zina a Pak.

"Mucho mejor. Ni un doctor lo podría haber hecho mejor. Muchísimas gracias."

Entre todo eso, Ulrich se paró en el centro del grupo y nos llamó la atención, "¿Qué les parece si continuamos?"

"No." Me paré a un lado de Ulrich, le puse mi brazo sobre su espalda, y lo volteé en dirección a Muhammad.

Muhammad estaba hincado, y rezando en dirección a La Meca.

Instantáneamente, Ulrich empezó a retroceder y tomó asiento entre las piedras. Zina y Pak, de nuevo, tomaron asiento.

Yo me quedé parado.

También quise rezar, pero no me nacía nada.

Solo contemplé las nubes, las estrellas, y la luna en el cielo.

Fue una experiencia hipnotizadora.

"¡Aaah!" Escuché un alarmante grito de Ulrich, y me rompió toda la concentración.

Zina y yo corrimos a su auxilio.

"¡Dios mío!" Ulrich se había levantado el pantalón en la pierna izquierda y se estaba sobando.

Rápidamente, le levanté la pierna para investigar.

"¡Fue un alacrán!" Reclamó Ulrich.

"¿Vistes el alacrán?" Le preguntó Zina, y lo empezó a buscar entre las piedras.

"¿Por qué?" Ulrich seguía bajo el trauma.

"Porque si eso que tienes en la pierna es una mordedura de serpiente de cascabel, te mueres."

"Busca ahí." Ulrich le apuntó a una de las piedras, y Zina las levantó.

Ahí estaba el alacrán. Zina lo pisó varias veces y lo despedazó.

Ya para entonces, la cara de Ulrich estaba bañada en sudor. Yo le seguí masajeando la pantorrilla, pero era obvio que el veneno del alacrán le estaba causando una fuerte fiebre.

"No va a morir, pero si va a ocupar descansar hasta que se le baje la fiebre." Añadió Pak.

"Está bien." Accedí.

No podíamos continuar.

"Nos regresamos a la cabaña." En ese mismo instante, estaba listo para empezar el camino de regreso.

"No, Cristo. Aquí nos quedamos hasta que mejore Ulrich." Pak me habló en voz baja.

Luego se sentó y se acurrucó con la espalda en una cómoda piedra.

Después de atender a la fiebre de Ulrich por un largo tiempo, buscamos un sitio para descansar. Nos acomodamos entre las piedras, pequeños arbustos, y montones de tierra.

Así dormimos toda la noche.

En la mañana, me despertaron los rayos del sol, y yo fui el primero en levantarse. Caminé un poco y observé la llegada del sol por varios minutos.

Después empecé a fijarme en el horizonte al norte. Miraba miles de rocas cubriendo los cerros, un enorme precipicio, y áreas desérticas.

También me di cuenta de la ausencia de la migra.

"Al-lâh nos guía en nuestro camino." No había visto a Muhammad, y sus palabras me tomaron por sorpresa.

Volteé a mirarlo, y me captivo su sonrisa.

Atrás de Muhammad, Zina y Pak atendían a Ulrich.

"...Si, Al-lâh..." Le contesté lentamente.

Muhammad se me puso al lado, y los dos fijamos nuestras miradas en el precipicio que se apoderaba del panorama al norte.

"¡Ich bin Keine Nazi!" Gritó Ulrich.

La fiebre lo seguía atacando. Le temblaba el cuerpo, y el sudor le corría por toda la piel.

No tenía la menor idea de lo que hablaba.

"Ayúdenme." Me le acerqué a Ulrich, me hinqué, y lo tomé del brazo.

"Vamos a regresar a la cabaña." Les ordené.

Zina tomó el otro brazo de Ulrich y me ayudó a levantarlo. Empezamos a caminar y Ulrich siguió peleando la fiebre. Trataba de caminar por sí mismo, pero sus piernas carecían de fuerza y se le doblaban sin ritmo.

Todo el camino de regreso nos turnamos ayudando a Ulrich, y como pudimos, llegamos a la cabaña.

Ya que entramos, acostamos a Ulrich en el piso. Se le miraba sumamente grave e incómodo, y su cuerpo empezó otro intenso episodio de tembladera y sudor.

Estábamos seriamente preocupados por su salud.

"Necesita medicina." Me señaló Pak.

"No va a sobrevivir sin ella." Me miró a los ojos.

"Está bien." Empecé a caminar rumbo a la puerta.

"Yo voy contigo." Se apresuró Zina tras de mí.

Ya en el marco de la puerta, me paré y miré a Pak.

"Cuídalo bien." Lo traté de alentar.

Ahí, me acordé de mi Abuela. Ella siempre le daba la bendición a la casa como parte de su despedida. Decidí imitarla y le di la bendición a la cabaña, e hice las señas de la cruz con mi mano.

Segundos después, Zina y yo corríamos rumbo al pueblito que yo ya había visitado antes. Yo llevaba un paso fuerte, con una respiración profunda, y quería regresar lo más rápido posible.

Zina me igualaba paso por paso, y me di cuenta que no batallaba. Sus pies volaban sobre la tierra.

Nunca paramos de correr, y pronto llegamos al pueblo. Seguimos hasta llegar a la tienda de abarrotes.

Al entrar, me topé con un señor que salía. Era un señor un poco corpulento, y de media estatura. Choqué con él y se le cayeron unas palas que iba cargando. Las palas hicieron un escándalo de fuertes ruidos metálicos.

"¡Frénale!" Me gritó con una voz fuerte y ronca.

"Lo sien-to mucho." Tartamudeé un poco.

"¡Te fallaron las brekas!" Levantó sus brazos al nivel de mi cabeza.

"Discúlpeme." Empecé a levantar las palas, y Zina me ayudó.

Le juntamos las palas, y él se tardó en tomarlas. Sus ojos estaban entretenidos con las piernas de Zina.

"Sus palas." Zina le recordó.

El señor tomó las palas, le sonrió, y le pestañeo el ojo.

Ella lo ignoró y caminó más adentro de la tienda.

El señor de las palas salió de la tienda y me olvidé de él.

Rápidamente, empecé a buscar alguna clase de medicina para Ulrich, y me fijé entre las latas de comida.

"¿No eres de por aquí?" Me interrumpió una voz con un fuerte acento Ruso.

Me di la vuelta, y vi a un güero Ruso junto a mí.

Casi choqué con él.

"No, es-tamos a-cam-pando cerca de aquí." Tartamudeé con mi respuesta, y me le quedé viendo.

Era un hombre joven, alto, y delgado.

"Si van a cruzar a Estados Unidos, la mejor ruta esta por el precipicio." Me sonrió, se puso un cigarro a la boca, e inhaló profundo.

Antes de que bajara la mano y se quitara el cigarro de la boca, le vi un enorme anillo de oro en el dedo índice. El anillo tenía el emblema de la Unión Soviética de la hoz y el martillo. Era muy ostentoso.

"Solo estamos acampando." Le hablé muy seguro.

"Deberían intentar un poco de rapel." Con el cigarro en la mano, le apuntó a una gruesa soga enroscada en el piso de la tienda, y me sonrió una vez más.

Zina y yo, regresamos a la cabaña.

Zina cargaba un costal lleno de latas de comida y botellas de agua, y yo cargaba toda la soga que encontré en la tienda.

"¿Cómo esta Ulrich?" Le pregunté a Pak.

"Sigue con la fiebre." Con un trapo en la mano, Pak le limpio el sudor de la frente.

A un lado, Muhammad estaba hincado rezando por el bien de Ulrich.

"¿Encontraron alguna medicina?" Preguntó Pak.

Zina abrió el costal y sacó un pequeño pomo de aspirinas.

"Esto es todo lo que encontramos." Le dio el pomo a Pak.

El abrió el pomo, le sacó un par de pastillas, y se las puso entre los labios a Ulrich.

"Ten, cómetelas." Le insistió Pak.

Ulrich trató de comérselas, pero se le atoraron en la garganta y empezó a toser. De inmediato, Pak le puso la boquilla de una botella con agua entre los labios. Ulrich tomó un poco de agua y dejó de toser.

Esa noche, Ulrich siguió batallando la fiebre, y yo no pude dormir.

Fue una noche muy difícil.

En la madrugada, vi que Muhammad despertó y salió de la cabaña.

Yo salí tras de él.

Lo encontré hincado y profundamente concentrado en sus rezos. No lo quería interrumpir y decidí regresar al interior de la cabaña.

"Buenos días." Justo cuando estaba a punto de entrar, me detuvieron las palabras de Muhammad y regresé a verlo.

"Lo siento." Le dije.

"Está bien."

"No quería interrumpirte."

Justo cuando dije eso, me dieron ganas de rezar con él.

"¿Qué te parece si me enseñas a rezar contigo?" Le pregunté.

"Y a nosotros también." Escuché las voces de Zina y Pak.

Volteé y me di cuenta de que estaban atrás de mí.

Con los brazos y manos, Muhammad nos hizo señas para que lo acompañáramos. Nos acercamos a él y nos hincamos. Él nos dio un rápido tutorial de las costumbres de sus rezos, y pronto empezamos a rezar por el bien de Ulrich.

Rezamos un largo tiempo.

"¿Por qué rezan?" Nos asustó la voz de Ulrich.

Todos volteamos en dirección de la cabaña, y nos sorprendió verlo. Estaba parado en el marco de la puerta, y con un rostro de confusión.

"Rezamos por ti, y por tu salud." Le contestó Muhammad.

"Gracias, pero creo que sería mejor rezar por nuestro cruce." Sus palabras llevaban un pesado tono de seriedad.

El estoico Ulrich había regresado.

Fue un gran milagro, y el resto del día nos preparamos para el cruce.

Al anochecer, empezamos la odisea de nuevo. Salimos de la cabaña y caminamos rumbo al norte.

Llegamos a la cima del cerro donde Ulrich se encontró con el alacrán y paramos a descansar un rato.

Yo regresé la mirada al sur, y por una inexplicable razón, sabía que ya no íbamos a regresar.

Ya cuando estábamos a punto de terminar nuestro descanso y continuar, nos empezó a envolver una misteriosa neblina.

Empezamos a caminar, y en unos cortos minutos, la neblina lleno nuestro camino de suspenso. No se miraba nada, y nuestros pasos empezaron a batallar con las piedras en el camino.

Cuidadosamente, y con un poco de miedo, lideré al grupo a través del peligroso terreno. Con cada minuto, la neblina se intensificaba más. Aun así, íbamos a buen paso.

"¡Cristo, párate!" Zina gritó y me agarró del brazo.

"¿Qué paso?" Le pregunté alarmado.

"Se cayó Muhammad." Zina me guio al sitio donde se encontraba.

Él ya se había levantado el pantalón, y de inmediato, pude ver la sangre que le cubría la rodilla derecha.

Me sorprendió su resolución.

Después de haber vivido tremendo golpe, no se quejaba de ningún dolor.

"¿Puedes continuar?" Le pregunté.

"Si, creo que sí." Cuidadosamente, se puso de pie y trató de caminar.

Dio un par de pasos, y se le llenó la cara con una expresión de dolor.

"Espera." Lo detuve y le ayudé a tomar asiento.

"Déjame limpiar la herida, y vas a ocupar un vendaje." Le vacié un poco de agua sobre la herida.

"Zina, sigan caminando. Que te acompañen Pak y Ulrich." Le ordené.

"¿Y ustedes?"

"Ahorita los seguimos."

"¿Estás seguro?"

"Sí."

"¿Y el precipicio?"

"Llévate la soga, y cuando lleguen al precipicio, desciendan en rapel."

Sin moverse, se me quedaron viendo.

"¡Apúrense!" Mi grito los alertó y empezaron a caminar.

Unos segundos después, se desaparecieron entre la neblina.

Yo seguí atendiendo a Muhammad. Rompí un pedazo de tela de mi camiseta y le limpié la sangre sobre la herida. Le puse una venda y lo ayudé a pararse.

"¿Cómo te sientes?" Lo asistí a caminar.

"Como nuevo." Me di cuenta de que me mentía, pues cojeaba al caminar.

Entre la neblina, Zina, Pak, y Ulrich llegaron al precipicio.

Zina empezó a desenrollar la soga, y Pak y Ulrich se quedaron parados.

"¡No se queden ahí parados, ayúdenme!" Con la soga en la mano, Zina le pegó en el pecho a Ulrich.

El agarró la soga sin decir ni una palabra.

"Amárrenla a esa roca." Zina les habló a los dos, y le apuntó a una enorme piedra que se encontraba al lado.

Al mismo tiempo, Muhammad y yo caminábamos buscándolos.

Fue un momento muy desesperante.

La neblina y las piedras en el camino nos dificultaban el progreso. Quería avanzar rápido, pero me di cuenta que Muhammad no podía.

El vendaje en su rodilla estaba empapado de sangre.

Me le puse al lado y le ofrecí mi hombro. Se apoyó en mí, y continuamos.

Me asombró la enorme tolerancia que le tenía al dolor. Él nunca se quejó de su condición, ni siquiera escuché un pujido.

En el precipicio, Ulrich empezó su descenso.

"Ten cuidado." Le recordó Zina.

"Sí." Le contestó entre laboriosos pujidos.

Zina y Pak se hincaron en la orilla y miraron el descenso.

Lentamente, Ulrich se desapareció entre la neblina y la oscuridad.

Pak se paró, tomo la soga, y empezó su descenso.

"Tú puedes." Lo aliento Zina.

"Si, pero no sé si mi hombro pueda." Le recordó.

Entre fuertes pujidos, y con una expresión de dolor, se lo comió la neblina y la oscuridad.

Ya sola, Zina se paró, y nos empezó a buscar.

Muhammad y yo seguíamos avanzando.

Íbamos a buen paso, y pronto llegamos al precipicio, pero no vi a Zina. Estábamos en un área diferente a la de ella.

Ayudé a Muhammad a tomar asiento y empecé a buscar a Zina.

"¡Zina!" Le llamé.

"¡Cristo!" Escuché su voz.

Con un nuevo ánimo, continué buscándola, y pronto nos encontramos y nos dimos un fuerte abrazo.

"¿Y Muhammad?" Me preguntó con una cara de sorpresa.

Antes de que le contestara, Muhammad se apareció.

Se nos acercó con un severo rengueo en sus pasos. Zina y yo corrimos a su lado.

Ella le tomó un brazo y yo el otro.

"¿Dónde están Ulrich y Pak?" Le pregunté a Zina.

"Ya bajaron." Me contestó.

Llegamos al sitio de la soga y buscamos un buen lugar para que descansara Muhammad.

"Descansa un poco." Le sugerí.

"¡Nada de eso!" Se fue tras la soga.

"¿Y tú rodilla?" Lo cuestionó Zina.

"No te preocupes, voy agarrar la soga con las manos." Nos sonrió.

Zina y yo nos miramos. Cuando regresamos a ver a Muhammad, él ya se había desaparecido.

"Sigues tú." Le apunté a Zina.

Como toda una profesionista en rapel, Zina agarró la soga, y se puso en posición de descenso.

Se detuvo y me miró una vez más.

"Suerte." Le dije.

Ella no me contestó y empezó su descenso.

En un par de segundos me quede solo.

Me hinqué y traté de ver la profundidad del precipicio, pero la neblina y la oscuridad me lo prohibieron.

Mi única compañía era la soga.

La tomé en mis manos y empecé el descenso.

No se miraba nada.

"¡Zina!" Me detuve y la llamé.

Esperé su respuesta por un buen rato, pero no me contestó.

Mi sexto sentido me decía que algo estaba mal. Miré para arriba, para abajo, y se me enchinó la piel. Respiré profundo y me le quedé mirando a la pared de rocas enfrente de mí.

Continué el descenso.

Cuando mis pies tocaron el suelo, mis ojos vieron la cara de Zina. Definitivamente, algo estaba mal. Ella tenía un rostro de preocupación, y unos ojos de asombro.

Lentamente, solté la soga y me di la vuelta.

Una pistola, a un par de centímetros de mi nariz, me dio la bienvenida.

"Te estaba esperando." Escuché a la persona detrás de la pistola.

Lo miré a la cara y supe que era alguien que ya conocía. Era el mismo hombre que salía con las palas en la tienda del pueblito.

"Si no quieres un plomazo entre los ojos, vas a tener que obedecer a Pancho." Siguió con su discurso.

"¿Quién es Pancho?" Le preguntó Zina.

"Ese soy yo." Volteó a mirarla.

Yo aproveché el momento y traté de quitarle la pistola con un jalón de la mano. La tenía bien agarrada y empezamos a pelearnos por ella.

Lo empecé a superar con mi fuerza, cuando el jaló el gatillo, y disparó.

El balazo me dio a un lado de la cabeza y me asordo. Sentí la humedad, y el calor, de la sangre que me chorreaba por el cuello, y juré que me moría.

Miré a mi alrededor, y le pude ver las caras a Zina, Pak, Muhammad y Ulrich. Eran unas caras de boca abierta, ojos pelados y mudos gritos de pánico.

Regresé la mirada a Pancho, y vi que había otro hombre a su lado.

"¡Yo soy la Parca, y esta es la hora de tu muerte!" Me dijo la Parca y se empezó a reír con unas carcajadas de manicomio.

Era un hombre chaparro y panzón. En su cara no tenía barba, pero si un grueso bigote, y en la cabeza tenía un cabello largo y despeinado.

Cerré los ojos, y contra mi voluntad, caí al suelo.

"¡Esta vivo!" Alcancé a escuchar el grito de Zina.

Tenía los ojos cerrados, pero sabía que seguía con vida. Me había desmayado.

Sentí una enorme desorientación, y no tenía la menor idea de cuánto tiempo había pasado.

Me llené de valor y abrí los ojos.

"Tenemos que ayudarlo." Ordenó Muhammad.

Con la pistola en la mano, la Parca les apuntó.

Al último le apuntó a Zina.

"¡Tu, ayúdalo!" Siguió con sus carcajadas locas.

Zina corrió y se hincó a mi lado.

"¿Cómo te sientes?" Me empezó a investigar la herida en la cabeza.

"Horrible." Le contesté.

"Vas a estar bien." Se quitó la camiseta y me limpió la herida con ella.

Zina se quedó solo con un sostén deportivo de tirantes. Se le miraban unos atléticos bíceps, y un pecho femenil muy cerca de la perfección.

"¿Segura?" Sentí que me desmayaba.

"El balazo nada más te abrió la piel." Siguió limpiando la herida.

La Parca se le acercó a Zina y la agarró del cuello. La jaló y la puso de pie. Le apuntó la pistola a la cabeza, se le acercó cuerpo a cuerpo, y la trató de besar. Con un jalón de su cabeza, ella volteó su cara.

La Parca empezó a reírse un poco y le lamió el cuello.

El cuerpo de Zina tembló con asco.

"Eres un dulce chocolatito." La Parca siguió riéndose.

"¡Tenemos visita!" Lo sorprendió un grito.

La Parca soltó a Zina y ella lo empujó.

El grito era del Ruso. El patrón de Pancho y la Parca.

El Ruso cargaba un rifle AK-47 en frente de su pecho. El famoso rifle conocido como "cuerno de chivo." Le colgaba del cuello y no tenía que sostenerlo con sus manos.

Lentamente, se acercó y nos miró.

Luego sacó un cigarro y se lo puso en los labios. Lo encendió e inhaló profundo.

"Mira nomas." Exhaló el humo.

"Los miembros de las Naciones Unidas vienen a detener mi trabajo." Se burló de nosotros.

Como pude me puse de pie.

"Nada de eso. Vamos de pasada. Rumbo a San Diego." Traté de explicarle.

"Que interesante, pero aquí se van a quedar." Con el cigarro en la mano le apuntó al suelo.

"¡Los matamos ya!" Añadió Pancho.

"No. Primero terminan nuestro trabajo, y luego los matamos." Ordenó el Ruso.

Muy obvio que sus palabras eran la ley.

"¡A trabajar!" Me pateó Pancho en la espalda y caí al suelo.

"¡Levántate!" Me pateó una vez más y me tapé la cabeza.

Mis compañeros se me acercaron y me levantaron.

"¿Qué trabajo vamos hacer?" Le pregunté al Ruso.

"Van a tomar esas palas y van a terminar el túnel." Le apuntó a unas palas en el suelo y se empezó a reír. Pancho también se empezó a reír, y luego la Parca. Fueron unas risas fuertes, diabólicas e insoportables.

Nos encaminaron a la entrada del túnel y continuaron con sus perversas carcajadas.

Con las palas en la mano, entramos. El túnel era de buen tamaño y pudimos caminar cómodamente. Entre las piedras de las paredes había pequeñas velas que iluminaban el camino.

Después de una buena caminada, y bañados en sudor, llegamos al final del túnel. No tenía salida, si no que terminaba en una pared.

Aún estaba bajo construcción.

El aire estaba sofocante, y era difícil de respirar. A pesar de todo eso, pudimos evadir la claustrofobia.

"Ahora nuestro trabajo es más fácil." El Ruso se puso un cigarro entre los labios, e inhaló profundamente.

Al lado del Ruso estaban Pancho y la Parca.

"Van a escarbar hasta que acaben." Sonrió Pancho.

"¡O hasta que se mueran!" Peló los ojos la Parca.

Lentamente, el Ruso se quitó el cigarro de la boca y exhaló el humo. Después, tomó el cigarro entre el dedo gordo y el índice, y lo aventó.

A como voló el cigarro a través de la oscuridad, pude ver su trayectoria con la pequeña braza encendida que aún quedaba en el tabaco.

El Ruso era muy diestro con esa sencilla manera de aventar el cigarro.

"Pá, pá, pá, pá!" Me asustó la balacera del cuerno de chivo y brinqué un poco.

Mis compañeros reaccionaron de la misma manera.

"A trabajar." Nos ordenó el Ruso.

Como pudimos empezamos a escarbar.

Pancho y el Ruso se desaparecieron en la oscuridad.

La Parca se quedó a liderar nuestro trabajo, y sus ojos empezaron a estudiar todos los movimientos de Zina.

Ha como ella escarbaba, la piel de su atlético cuerpo le brillaba en la oscuridad, y los músculos se le acentuaban. Ese movimiento le daba un aspecto atractivo a su cuerpo.

"¡Ándale!" Gritó la Parca.

"¡Rápido!" Continuó.

Algo confuso, Pancho regresó a investigar los gritos de la Parca.

"¿Qué gritos traes?" Le preguntó.

"Un poquito de diversión. Eso es todo." Contestó la Parca y se empezó a carcajear.

Pancho se quedó serio.

Al mismo tiempo, Pak batallaba con la pala y paró de escarbar. Decidió soltarla y se dejó caer al suelo.

Ulrich también paró de escarbar y se le acercó a Pak. Se hincó a un lado de él y le empezó a masajear el brazo.

Muhammad y Zina también pararon de escarbar y dejaron caer sus palas.

"Necesitamos un descanso." Le dije a Pancho.

"Van a descansar cuando se mueran." Me contestó.

"¡Necesitamos agua!" Gritó Zina.

El Ruso regresó cargando un balde con agua.

"De nada nos sirve que se mueran deshidratados." Aclaró y aventó un vaso de plástico al suelo.

Luego se puso el cigarro a la boca, inhaló, y se retiró. Una nube de humo marcó su trayectoria de despedida y empezamos a tomar agua.

Primero fue Zina, después Ulrich y Muhammad, y después yo.

Cuando tomaba un poco de agua, me di cuenta de que Pak seguía en el suelo. De inmediato, le llevé el vaso con agua.

"No te preocupes. Te juro que los voy a salvar de esto." Traté de calmarlo.

La mera verdad, no tenía la menor idea de cómo nos íbamos a escapar.

"A escarbar." Escuché la voz de Pancho y volteé a mirarlo.

Tenía la pistola apuntada a mi cabeza.

"Okey." Le contesté.

Recogí la pala y empecé a escarbar. Zina, Muhammad y Ulrich hicieron lo mismo.

Pak fue el último.

Mi mente se entretenía con ideas para escapar de nuestro secuestro, cuando me interrumpió Muhammad.

"Necesito descansar." Me dijo y volteé a mirarlo.

El vendaje en su rodilla estaba completamente destruido y cubierto de sangre con tierra.

Tomé un descanso para tomar agua y aproveché para limpiarle la herida.

Ulrich y Pak también pararon de escarbar, tomaron agua, y se sentaron a descansar.

Después, Zina se agachó a un lado del balde y sambutió el vaso en el agua. Lo sacó y empezó a beber.

"¡Sigue escarbando!" Le gritó la Parca a Zina y pateó el balde.

El agua mojó a Zina casi por completo. Su sostén deportivo quedó empapado y se le traslucían los pezones.

La Parca se le quedó mirando y empezó a reírse de una manera endemoniada y perversa.

Zina agarró la pala y continúo escarbando.

Ulrich y yo hicimos lo mismo.

Pak y Muhammad siguieron descansando.

Estaba escarbando sin ganas cuando me llegó una gran idea. Escarbar el techo del túnel y quizá encontrar una ruta de escape.

Así que volteé a ver que hacían el Ruso, Pancho y la Parca.

El Ruso aun no regresaba, y Pancho ya se había retirado.

Solo estaba la Parca, pero seguía completamente embobado con Zina.

Aproveché la situación para escarbar el techo.

Le di con la pala lo más fuerte que pude, y se enterró profundamente. Antes de sacar la pala del techo, volteé una vez más para ver a la Parca.

El seguía pelándole los ojos a Zina.

Sujeté la pala con mis manos lo más fuerte que pude y la quité del techo con un solo jalón.

Por un segundo, vi un pequeño rayo de luz.

La tierra se derrumbó un poco y la oscuridad regresó.

Lo bueno fue que no se derrumbó el techo por completo, pues no era el momento oportuno para escapar.

Con una nueva carga de aliento y nervios, continué escarbando las paredes del túnel.

Seguimos escarbando hasta que nos ganó el sueño y caímos rendidos.

Como pude, me acomodé contra un montón de tierra y cerré los ojos.

Los músculos en los hombros me causaban dolor, y crucé los brazos enfrente de mi pecho para sobármelos.

El masaje me arrulló y me causó un leve mareo.

"Hijo." Escuché una voz y abrí los ojos.

La voz me había asustado, pero se me pasó rápido.

Me volví acomodar en el suelo, cerré los ojos, y mi cuerpo se llenó de una profunda calma.

"Hijo." Volví a escuchar la voz, pero esta vez no me alarmó y mantuve los ojos cerrados.

"…Has llegado al final…" Me confundió la frase y no tenía la menor idea de su significado.

"…Ten fe en nuestro Padre y Dios…" Continúo la voz, que ahora pude reconocer como la voz del Chamán.

Se me aceleró el palpitar del corazón y el cuerpo me tembló varias veces.

"¡Aaah!" Grité y abrí los ojos, y de un brinco, me puse de pie.

Quise mirar al cielo, pero nada más miré el techo rocoso del túnel.

"Al-lâh siempre está con nosotros." Escuché la voz de Muhammad.

Volteé en su dirección y lo vi hincado. Había presenciado mi pesadilla y paró sus rezos para calmarme.

Yo estaba cubierto en sudor y totalmente confundido.

Miré al techo del túnel una vez más, y justo en ese instante, me cayó una gota helada de agua en la frente. La gota me corrió por todo el rostro, me bajó por el cuello, y paró en la garra que traía en el collar. Esa experiencia me refrescó la memoria, y me acordé del Chamán.

Luego cayeron más gotas y se derrumbó un pedazo del techo.

Se miraba un sol encandilador.

"¡Empezó a llover, levántalos!" El Ruso le gritó a Pancho y la Parca.

"¡Páo!" Disparó Pancho.

"¡A trabajar!" Nos gritó la Parca y se carcajeó, y todos agarramos las palas.

"No, no, no. Dejen las palas." Habló el Ruso e inhaló su cigarro un par de veces.

"Van a regresar a la entrada y meter toda mi mercancía." Continúo hablando y empezamos a caminar rumbo a la entrada.

Regresamos a la entrada y salimos.

Estaba lloviendo, pero, aun así, nos encandilo la luz del día y nos tomó un par de minutos en ajustar nuestra vista.

Se me hizo muy raro ver la lluvia, ya que rara vez llovía por esas partes.

"¡Rápido, muévanse!" Ordenó el Ruso y destapó unos bultos.

Eran alrededor de mil ladrillos blancos. Todos envueltos con plástico transparente.

La lluvia se intensificó, y en cosa de segundos, nos empapó por completo.

Al Ruso no le importó. Con el cigarro en la boca, se paró a supervisar la obra.

"¡Parca, Pancho, a cargar!" Añadió el Ruso.

Lo único que le importaba, era proteger sus ladrillos blancos.

El trabajo fue difícil.

El suelo se convirtió en un piso de lodo. En unas partes, los pies se nos pegaban al suelo. En otras, los charcos de agua convirtieron la cueva en un resbaladero y nos caíamos con frecuencia.

Terminamos ya de noche, y la lluvia nunca paró.

Completamente agotados, nos tiramos al suelo en las pocas partes secas del túnel.

Pancho, y la Parca, también tomaron asiento y empezaron a fumar.

El Ruso entró cargando una caja y con un cigarro entre los labios. Se me hizo muy raro, y las orillas de mis ojos permanecieron enfocadas en la caja. La dejó caer al suelo y rebotó.

En el rebote, un par de palos cortos y cilíndricos saltaron y cayeron en el lodo.

El corazón se me aceleró.

Esos palos cortos eran explosivos de dinamita.

"¡Amárrenlos!" Ordenó el Ruso.

Pancho y la Parca amarraron a Pak y Muhammad, el Ruso siguió gozando de su cigarro.

Después, Pancho se me acerco y me amarró las muñecas de las manos atrás de la espalda. Luego me amarro los tobillos.

La Parca hizo lo mismo con Zina.

Ya amarrados, Pancho y la Parca regresaron al lado del Ruso y lo acompañaron a fumar.

"Cuando pare la lluvia los matamos." Escuché al Ruso.

El y Pancho se desaparecieron en la oscuridad, y la Parca se quedó en nuestra presencia.

De inmediato, la Parca se le acercó a Zina. Se hincó a un lado de ella y le agarró el cuello.

"Adiós, mi dulce chocolatito." Le habló al oído y le jaló la oreja con los labios.

Zina, al igual, jaló la cabeza para distanciarse y lo escupió en la cara. La escupida le cayó a la Parca alrededor de sus labios, pero no le importó. El sacó su lengua para limpiarse la escupida y se la saboreó.

Se le acercó más a Zina y se le echo encima. La empezó a besar y lamer por toda su cara. Entre todo eso, le brotaban perversas carcajadas desde la garganta.

Tomé las acciones de la Parca como una oportunidad para salvar nuestras vidas.

Empecé a morder mi collar con la intención de soltar la garra y usarla para desamarrar la soga en mis muñecas.

Mientras, la Parca seguía con sus malas intenciones. Le arrancó el sostén a Zina y le comenzó a manosear todo el pecho.

"Espérate." Le coqueteó Zina a la Parca y lo besó tiernamente en los labios.

"¿Quieres con la Parca?" Le preguntó y se carcajeó.

"Si, pero suéltame." Le contestó con una voz muy dulce.

"Yo también lo quiero gozar." Añadió y lo besó una vez más.

Con una cara de lujuria, la desamarró. Le manoseó el pecho, y le arrancó los shorts. La tenía completamente desnuda y se empezó a revolcar con ella. Le abrió las piernas, se bajó el pantalón, y se puso en posición para penetrarla.

Zina lo abrazó y lo besó profundamente.

"¡Aaah! Gritó la Parca e intento alejarse de ella.

Zina le estaba mordiendo los labios y él no podía hacer nada. La cara se le llenó de pánico y le empezaron a brotar lágrimas.

En eso, Pancho se apareció y le apuntó la pistola a Zina, pero ella siguió mordiéndole los labios a la Parca.

"Suéltalo." Le ordenó Pancho.

Finalmente, Zina lo soltó.

Los dos tenían la boca cubierta de sangre, pero a él le faltaban un par de centímetros de carne del labio bajo.

Aun con la boca cerrada, se le miraban los dientes.

Pancho se empezó a reír, y la Parca se llenó de furia.

Se subió el pantalón y le apuntó la pistola a Zina.

"¡Vas a morir perra!" Le gritó con rabia, y unas gotas de sangre le brincaron de la boca.

Al mismo tiempo que jaló el gatillo, Pak, aun amarrado, brincó y lo tumbó. Los dos cayeron al suelo, y la Parca falló su tiro.

Al instante, Pancho tumbó a Zina con una cachetada y se fue tras de Pak.

Zina aún estaba desnuda, y la Parca se fue tras de ella. La jaló del cabello y la puso de pie.

Yo me libré de la soga y me le eché encima a la Parca.

Los tres caímos al suelo.

Zina se apartó, y la Parca y yo nos empezamos a pelear por la pistola.

Pancho se olvidó de Pak y trató de dispararme, pero mi revolcada con la Parca se lo prohibía.

Zina aprovechó ese momento para vestirse y para desamarrar a Ulrich y Pak.

"¡Pá, pá, pá, pá!" Nos congelaron los disparos del cuerno de chivo.

Todos no le quedamos viendo al Ruso.

Se quito el cigarro de la boca, sopló un poco de humo, y lo aventó. Brasas del tabaco en el cigarro aun ardían, y pude ver el lugar exacto donde cayó.

Ahí fue que me apuntó el cuerno de chivo y me disparó.

Yo lo vi como si todos sus movimientos estuvieran en cámara lenta y brinqué atrás de la Parca. Lo jalé y nos caímos al suelo.

El cuerno de chivo seguía en acción, y use el cuerpo de la Parca para taparme y protegerme de los tiros. Los balazos pararon y me sorprendió saber que seguía con vida.

Estaba cubierto con sangre y decidí fingir mi muerte.

"¡Amárralos!" Le ordenó el Ruso a Pancho y le apunto el cuerno de chivo a mis compañeros.

Mientras Pancho buscaba la soga para amarrarlos, yo me empecé a arrastrar en dirección del cigarro.

Encontré el cigarro y me arrastré a la caja con la dinamita.

Ya con el cigarro y la dinamita en las manos, me puse de pie.

Pancho me vio y dejó de buscar la soga. Aun no amarraba a nadie.

Tomé el cigarro, me lo puse en la boca, e inhalé profundo.

El Ruso se dio cuenta de que algo estaba mal y miró a su alrededor hasta que me encontró.

Exhalé el humo de mis pulmones y encendí la mecha de la dinamita.

"Espera, apágala, podemos negociar algo." Me exigió.

Tomé el cigarro entre el dedo gordo y el índice, y lo aventé a la oscuridad.

La mecha de la dinamita seguía encendida.

"Corran." Les ordené a mis compañeros.

"No te vamos a dejar solo." Me suplicó Zina.

"¡Corran!" Les grité.

Después de titubear un poco, empezaron a correr.

Segundos después, Pancho los siguió. Fue tanto su pánico, que se le olvido la pistola.

El Ruso y yo nos quedamos solos, y nuestro reto se convirtió en un duelo de vaqueros del viejo oeste.

"¿Vas a sacrificar tu vida por ellos?" Me preguntó.

"Les prometí que los llevaría a Estados Unidos, y mis hijas me están esperando."

"Que valiente." Me apuntó el cuerno de chivo.

"Pero aquí vas a morir, y tus amigos también." Añadió.

"El único que va a morir aquí, eres tú." Le aventé el palo de dinamita y corrí.

El corrió tras de mí y me disparó todas las balas en su cargador.

Ya estaba cerca de salir del túnel cuando sentí un balazo en la pierna y tropecé.

Antes de caer, la dinamita explotó.

Todo tembló, y el área se relampagueó.

Tierra, piedras, y vegetación volaron por todos lados.

Yo quedé enterrado.

"¡Cristo!" Escuché los gritos de Zina.

"¡Sí!" Le contesté y un puño de tierra me entró en la boca.

Como pude, levanté la mano. Zina la tomó y me sacó de mi entierro a jalones.

Ulrich y Zina me tomaron de los brazos, y Pak y Muhammad me tomaron de las piernas. Así me cargaron y transportaron el resto de la noche.

Epilogo.

Justo cuando Zina me sacó de mi entierro, miré a mi alrededor, y vi una mano que salía de entre la tierra. En el dedo índice de esa mano, había un enorme anillo de oro. El anillo tenía el emblema de la Unión Soviética de la hoz y el martillo.

A como nos alejamos, vi las luces de un vehículo que se acercaban al área de la explosión. Era una patrulla de la migra. Se estacionó y bajaron dos oficiales.

Después de un rastreo del área, y entre todo el derrumbe, los oficiales empezaron a encontrar ladrillos blancos envueltos con plástico transparente.

Zina, Ulrich, Muhammad, y Pak siguieron cargándome.

La herida del balazo en mi pierna me causaba tremendo dolor y sentía que moría.

Todo el cuerpo se me durmió.

Cerré los ojos, y los oídos se me llenaron con el sonido de unos diabólicos y perversos aullidos. Estaba seguro que eran de la Parca.

Entonces sentí la presencia de mi sexto sentido, y se me llenó el estómago de maripositas.

Biografía del Autor

- Nombre – Juan Carlos Mercado.
- Ciudad de nacimiento – Mexicali, México.
- Estudios – Título universitario en Administración de Justicia Criminal, y Ciencias Militares en ROTC (San Diego State University - 1997).
- Servicio Militar – Capitán - Diez años de servicio en el Army de Estados Unidos en las áreas de Infantería y Policía Militar, con operativos y entrenamientos en Estados Unidos, Panamá, Irak, Arabia Saudita, Alemania, Hungría, Croacia, y Bosnia-Herzegovina (Veterano de Combate).
- Empleo – Seis años como Oficial de Custodia en el Departamento del Sheriff del Condado de San Diego.
- Idiomas – Español, Inglés, y un poco de Alemán.

www.ingramcontent.com/pod-product-compliance
Lightning Source LLC
Chambersburg PA
CBHW030938240526
45463CB00015B/397